대인관계 지피지기 전략

'면상'과 '수상'을 통한 더 나은 자기계발

대인관계 지피지기 전략

초판 1쇄 인쇄일	2024년 11월 13일
초판 1쇄 발행일	2024년 11월 20일
글·사진	이민열 · 이상봉
펴 낸 이	최길주
펴 낸 곳	도서출판 BG북갤러리
등록일자	2003년 11월 5일(제318-2003-000130호)
주소	서울시 영등포구 국회대로72길 6, 405호(여의도동, 아크로폴리스)
전화	02)761-7005(代)
팩스	02)761-7995
홈페이지	http://www.bookgallery.co.kr
E-mail	cgjpower@hanmail.net

ⓒ 이민열 · 이상봉, 2024

ISBN 978-89-6495-309-9 03190

'면상'과 '수상'을 통한 더 나은 자기계발

대인관계
지피지기 전략

知 · 彼 · 知 · 己

이민열 · 이상봉 지음

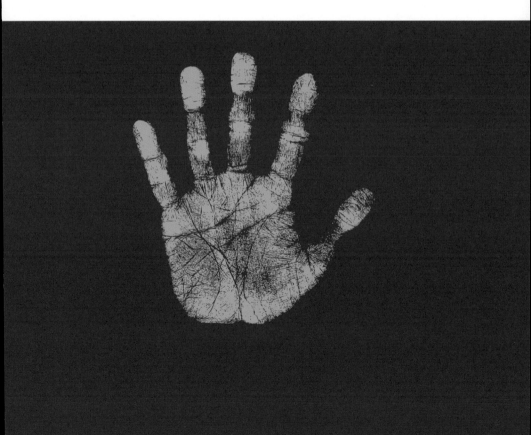

북갤러리

사람은 각자 타고난 자기만의 재능이 있다

철학자들의 사유 체계

쇼펜하우어는 "삶은 고통이다."라고 하였는데, 삶이 고통인 이유는 인간이 욕망의 동물이기 때문이다. 욕망이 강하면 뭔가를 얻기 위해 강렬한 열정을 불태우게 되고 이면엔 그만한 고통이 따르게 된다. 또한 욕망이 충족되지 않거나 열정이 식으면 그 자리를 공허함이 자리 잡고, 욕망이 커질수록 공허함 또한 커지기 마련이다.

공허함은 곧 고통과 일맥상통한다. 공허함이란 내면의 감정, 만족감, 의미나 목적의 상실로 말미암아 자신에 대한 의구심, 열등감, 불안과 초조함을 느끼는 걸 말한다. 따라서 자기 내면에 질책과 책망을 하게 되고 그것이 고통으로 연결되는데, 인간에게 욕망이 사라지지 않는 한 인간은 고난의 길을 걷게 되는 것이다.

역사를 되돌아보면 욕망이 지배하는 물질적 세상이 8할 정도이고, 정신이 지배하는 세상은 2할 정도라고 여겨진다. 세계 지도자들 또한 권위와 권력을 이용하여 재물을 추구하고 있고 자신의 이익 앞에 공익을 훼손시키는 일들도 허다하다. 인간은 욕망이 강할수록 부족한 허기를 채우기에 더욱 안간힘을 쓰는 자기모순에 빠지기도 한다.

그렇다면 공자가 바라본 세상은 어떠했을까? 아마도 욕망에 가득 찬 이기적인 세상이 아니었을까? 공자는 사람을 '대인'과 '소인'으로 구분하였는데, 오늘날 그것을 잘못 인식하고 있는 것 같다. 그가 말한 '소인'은 욕망의 절제가 안 되는 사람, '대인'은 욕망의 절제가 가능한 사람을 두고 한 말인데, 사람을 큰 그릇 또는 작은 그릇으로 나누는 정도로 통용되고 있기 때문이다.

공자의 사상을 추종했던 맹자는 소인, 대인을 '소체'와 '대체'로 구분하였다. '대체'는 심지(心志)로 마음의 의지와 양심을 따른다고 하였으며, '소체'는 이목(耳目), 즉 귀와 눈의 감정에 따른다고 하였다.

다시 말하여 거의 모든 인간은 욕망의 동물이기에 소인이란 뜻이 된다.

소크라테스, 발타자르 그라시안, 니체 등 여러 서양 철학자는 사람의 행동과 말에 대하여 매우 적나라하게 직언하였다. 소크라테스의 명언에서만 보더라도 알 수 있지 않은가? 자기 자신을 돌아보면 자신도 모르는 사이에 절제되지 않은 말과 행동을 해왔음을 자각하고 고뇌하게 된다.

이러한 말과 행동은 자기만의 고유한 본질적인 성격과 특성에 기인하는데 이를 '카르마 정신'이라고도 한다. '카르마'란 산스크리트어로 불교에서 말하는 윤회, 업보를 말하며, 모든 것은 이에 맞게 상응한다는 뜻이다.

본질을 억제하고 절제하며 조절하려 할 땐 심한 고통이 따르게 되고 그 고통은 지금까지 겪던 고통과는 전혀 다른 고통이란 것을 알게 된다.

아마도 쇼펜하우어가 바라본 세상은 시기, 질투, 욕심, 경쟁심 등으로 인하여 서로의 주장을 내세우며 상대를 짓밟고 서로 다투는 욕망의 무절제로 인하여 '소인'과 '소인'이 뒤엉켜 치열하게 경쟁하는 구도의 모습을 보고 삶을 고통이라 하지 않았을까? 쇼펜하우어 또한 결국 억제하고 절제하지 못하는 자신의 본질을 알아차렸기에 혼자 고독한 삶을 즐기는 자가 행복한 자라 하지 않았나 싶다.

아무리 노력해도 자신의 본질은 변하지 않고 반복적인 행동과 말실수를 저지르기 때문에 결국 모두가 '소인'의 범주에 지나지 않는 것이다.

사람은 자신도 모르게 본능적으로 행동하고 후회하거나 자책하는 경우가 많다. 이것이 반복적으로 누적되면 고통이 되고 정신적으로 성숙한 사람일수록 책망에 사로잡혀 자존감이 뭉개진다.

인간은 누구에게나 궁극적인 목표가 있고 그것을 쫓는 자체가 행복이다.

행복해지려면 과연 어떻게 해야 할까?

절제된 언행으로 명예와 권위가 따르는 '대인'은 인(仁)으로써 '소인'을 대하며 덕(德)으로 베풀어야 하고, 감정에 충실한 '소인'은 자신의 격에 맞춰 '대인'을 알아보고 따라야 한다. 그것이 곧 인(仁)과 예(禮)이다.

사람은 물질을 추구하거나 정신을 추구하는 두 부류로 나뉘는데, 거의 모든 사람이 물질을 추구하며, 극소수의 사람만이 정신을 추구한다.

이런 성향 또는 성격을 알아보는 방법은 몸의 형태와 걸음걸이, 면상과 수상 등 한 사람의 전체적인 관상을 살펴봄으로써 알아차릴 수 있다.

자신에게 물어보자. 나는 대인인가? 소인인가?

대인이 되려는 사람은 뼈를 깎는 고통을 겪으며 자기성찰을 할 것이고, 소인이라면 타인에게 책임을 전가하거나 자신의 욕망에 충실할 것이다.

이 책에서는 필자가 10대 때부터 사회활동에서 쌓은 경험과 천명 이상의 직원들을 거느리고 관찰해 온 실제 경험을 토대로 기존의 관상 관련 책에서 볼 수 없었던 관상을 보는 신비한 방법을 간단명료하게 제시하고, 관상 중에서 면상과 수상을 알리고자 한다.

또한 관상을 미신의 영역이라 치부할 것이 아니라 그것을 알면 왜 좋은지 명쾌한 논리로 독자들에게 전해보려 한다.

사람은 각자 타고난 자기만의 재능이 있으며, 그 재능을 찾아 단점은 보완해 가며 세상 밖으로 나와 만인에게 이로움을 주어야 하는데, 사회 환경은 그렇지 못한 것에 안타까움이 있을 뿐이다.

독자들에게 확실하게 전달하고 싶은 말이 있다.

나를 알고 배운다면 자기계발과 인생길을 개척하는 데 엄청난 도움이 될 것이다.

목차
.....

1부

들어가기

면상(面相)과 수상(手相)의 개념

1. 면상과 수상이란?

사람의 재능, 성격, 성향은 '면상'과 '수상'에 잘 나타나 있는데, 성격 테스트 MBTI와 같다. 사람들은 각자의 성격과 재능을 여러 사람과 공유하면서 사회생활을 하게 된다. 사람마다 장단점이 같을 수 없고, 한 사람이 모든 일들 다 할 수 없으며, 모두가 같은 성격을 지닐 순 없지 않은가? 꼼꼼함의 이면에는 덤벙댐도 있고, 재빠름의 이면에는 느슨함도 있다. 꼼꼼한 사람은 덤벙대기가 힘들고, 재빠른 사람은 느슨한 행동에 익숙지 않다.

하지만 사람들은 자신의 장단점과 성격, 재능 등이 무엇인지 모르는 채 재능을 발휘하지 못하고 먹고살기 위해 동분서주한다. 그렇게 되면 노년을 준비하지 못하는 어리석음에 직면하게 될 것이 뻔하기에 자기 적성에 맞는 일을 하고 있는지 자기 내면에 물어보아야 할 것이다. 돈이 모든 것을 해결해주지 않으니 말이다.

돈 버는 것, 돈 쓰는 것, 돈 아끼는 것도 재능이라 볼 수 있다. 어떠한 사람은 돈을 아끼려 해도 죽을 때까지 아끼지 못하고 돈을 쓰려고 해도 쓰는 것이 불안하여 쓰지 못하는 사람이 있다.

이런 사소한 물질에 평생을 스트레스받아 가며 살 필요가 없다는 사실을 분명히 알아 두어야 할 것이다.

　지인 중 현금 자산도 많고 여러 개의 건물도 가지고 있는 사람이 있다. 그런데 폐차 직전의 차를 몰고 다니는 그는 수리비가 아까워 직접 실리콘으로 여기저기 발라서 수리해 타고 다니고 물건을 살 때도 일 원 한 푼까지 깎으려고 실랑이를 벌이는 구두쇠다. 보고 있노라면 왜 저렇게까지 사나 싶을 정도인데 이 모든 것이 '관상'에 나타나 있다는 것이다.

　그의 관상은 눈과 입이 아주 작으며 양쪽 볼살이 푹 꺼져 있는데, 이러면 대인관계가 원만하지 못하고 인심이 야박하다는 것을 알 수가 있다. 걸음걸이는 가다 쓰러져도 이상하지 않을 정도로 총총걸음을 걷는데 이 경우 매사에 매우 조심스럽고 차분하며 무모함이 없다.

　반면에 한 카센터 사장은 꼼꼼하고, 침착하며, 다정다감한 성품을 지녔는데, 관상을 보면 소음인의 체형에 둥근형의 얼굴과 눈이 크며 방형의 손을 가졌고, 덩치에 비해 손이 크다.

　이런 상을 지닌 사람들은 보통 강아지, 토끼상이 많은데, 다정함, 조용함, 차분함 등의 말이 잘 어울린다. 손의 모양까지 방형을 지녔다면 건실하고 법 없이도 살 정도로 정도를 지키며 무모함 없이 살아가는 타입이다. 방형에 손 모양은 3부 수상편 '2. 7가지의 손 모양'을 참고하길 바란다.

　형체에서 그 사람의 성향, 성격, 본질을 모두 파악할 수 있다는 것이 정말 신기하지 않은가?

　'면상'과 '수상'을 알기 전까지는 이것들이 옳은지 그른지 추상에만 그칠 것이 분명하다. 필자 또한 이것들이 증명되기까지 상당한 시일이 걸렸지만, 알고 난 이후로 세상살이가 훨씬 질 좋은 쪽으로 살아가고 있다는 사실을 고백한다.

2. 관상의 상식

관상(볼 觀, 서로 相)은 사람의 전체적인 꼴을 보는 것이며, '관상' 속에 '면상', '수상', '족상' 등이 포함된다.

'관상'은 동양에서 보는 것으로 착각하는 사람들이 많은데, 실은 기원전 수세기 전부터 서양에서 발달하여 동양보다 심오한 역사가 있다.

대표적인 인물로는 '의학의 아버지'로 불리는 히포크라테스(기원전 460년~370년)의 4액체 설(인체는 냉, 건, 습, 열(冷乾濕熱) – 또는 흑담즙, 황담즙, 점액, 혈액에 따라 건강과 본질적인 성격을 보여줌)이 있는데 '의학의 아버지가 관상을 보다.'라는 말로 관상학의 창시자란 말도 있다.

수학자 피타고라스(기원전 580년~500년, '피타고라스의 정리' 창시) 또한 관상에 조예가 깊었다고 한다. 수학의 천재로 우주론, 수학, 과학, 미학 등 모든 만물의 법칙을 논리적으로 풀고 입증하려 했던 사람이 관상을 따지다니 참 신기하지 않은가?

그는 일생 친구를 사귀거나 제자를 뽑을 때 관상을 보고 결정했다고 한다.

아리스토텔레스(기원전 384년~322년. 고대 그리스의 정치학, 물리학, 형이상학 등 '논리학의 창건자')도 빼놓을 수 없다. 그가 말한 "미덕과 진지한 노력이 있는 곳에만 행복이 있다. 인생은 게임이 아니니까."에서 보듯이 그는 매우 현실적인 사람이다.

그는 사람의 체형, 관상, 겉모습을 보고 내면의 성품을 판단하였다.

아리스토텔레스의 스승은 플라톤이며, 플라톤의 스승은 소크라테스이고, 아리스토텔레스의 제자로는 알렉산더 대왕이 있는데, 이들 모두가 철학 · 수학 · 논리적 근거만을 제시했던 사람들이란 사실이다.

흥미롭지 않은가? 기원전 6세기 때는 수많은 사상가가 탄생하는 시발점이었는데 혼란기였던 중국에서도 기원전 551년 공자를 비롯하여 노자, 맹자, 순자, 한비자 등 수많은 사상가가 등장하였다. 춘추전국시대(기원전 770년~221년)까지 중국의 수많은 사상가는 관상이 아닌 사람의 성품을 보고 선악을 추론했던 시기로 보인다.

'성선설'을 주장한 맹자, '성악설'을 주장한 순자, '성무선악설(性無善惡說)'을 주장한 고자(告子) 등 사람의 성향은 어려서부터 타고난 것이라며 논쟁을 벌인 것으로 보아 '관상법'이 동양보다 서양이 앞서 있던 것이라 여겨진다. 이처럼 서양에서는 관상을 통해 사람을 판단했던 반면, 동양에서는 성품을 보고 그 사람의 선악을 구별했다.

관상은 부자나 성공 또는 길한 상인지 망할 상인지를 보는 것이 아니라 사람의 성품과 내면의 생각, 성격 등을 알아보는 MBTI와 같은 도구이다.

관상을 본다는 것은 어렵고 많은 육감이 필요하다. 하지만 필자의 관상 보는 법은 인생의 단맛, 쓴맛을 숱하게 겪으며 오랜 공부와 실전 사례를 통하여 느끼고 깨달은 바를 정리한 것으로 추상이 아닌 논리로서 독자 여러분의 생각을 바꿔보려 한다.

3. 수상의 상식

수상학 또한 마찬가지다. '수상학'이란 말보다 손금이란 말에 더 익숙할 것이다. '손금'은 손바닥의 선을 일컫는 것이며, '수상학'은 손의 모양을 보는 수형학과 손금을 보는 장선학을 통틀어 일컫는 말이다.

오늘날 우리는 손금을 보는 목적이 안타깝게도 관상을 보는 것과 마찬가지로 미래 운명의 길흉을 예측하는 것으로 인식한다.

미래를 알고 싶어 하는 마음은 이해하지만, 그 미래가 현재의 자신을 바꿔놓을 수는 없고 그러한 정신으로 미래를 기대하기란 어려울 것이다. 아마도 나약한 자기 내면에 보금자리를 찾는 위안감이 아닐까 싶은데, 상담을 하다 보면 십중팔구는 자신의 미래에 관해 묻는다.

물론 육감과 예지력이 뛰어난 사람이라면 직감적으로 내담자의 미래를 맞힐 수 있을 것이지만 필자는 아직 그러한 전문가를 만나보지 못하였다. 손금에 대한 정보가 방대하고 나라마다 보는 방법도 다를뿐더러 정보의 불일치 폭이 매우 심한데, 어찌 전문가라는 사람들은 하나같이 자기 말이 옳다고 떠들어대는지 의아해하지 않을 수 없다.

필자는 그 궁금증의 갈증을 해소하고자 용하다고 소문 난 몇몇 전문가들에게 거금을 지불하고 상담과 배움을 청하러 다녀 보았다.

상담료는 30만 원부터 2천 원까지 매우 다양하였지만, 그들은 책으로 배우고 산에서 도를 닦았다는 등의 터무니없는 이야기는 물론 많은 상담 사례를 접하며 전문가가 되고 도사가 되었다고 했다. 하지만 30만 원과 2천 원의 차이는 별반 다르지 않았고, 비싸면 비싼 만큼 있어 보이기 위한 포장만 많이 될 뿐이었다.

정작 전문가라는 사람들은 자신의 부족한 지식을 확인하기 위해 다른 전문가에게 배우러 다녀 보았는가?

돈을 벌기 위한 목적이니 제자들은 많을 것이다. 필자에게도 배움을 청한 분들이 있지만, 추상의 극치를 달리는 손금을 전수해 주고 싶지 않아 모두 거절하였다.

그런데도 왜 수상을 배워야 하는지 궁금하지 않은가? '수상학'이란 한 사람의 성격, 특징, 재능, 장단점 또는 건강과 자신의 진로 선택에 필요한 것이고, 자기 내면을 들여다보는 최고의 수단이다. 왜냐하면 유럽에서는 우울증과 같이 정신적 고통을 받는 사람들에게 치유의 목적으로 쓰이기 때문이다.

수상학은 약 4,500년 전 인도에서 창시되었다고 하는데, 아르헨티나와 스페인에서는 기원전 8,000~9,000년 전의 벽화에서 여러 가지 손바닥 모양들이 발견되기도 한 것으로 보아 인도가 수상학의 시작이 아니라는 생각과 유럽의 수상학은 성격, 재능, 장단점을 판단하는 내담자의 본질을 직시하지만, 인도의 수상학은 현실성이 떨어지는 미래의 점을 치는 수준이다. 인도 사람들은 특정한 무언가에 대한 신념이 대단하기에 집요한 집념이 있어 그 섬세함을 무시할 수는 없다.

우리나라에 수상학이 들어온 지는 대략 80년도 채 되지 않는데, 무수히 난무하는 정보들을 통해 많은 사람에게 혼란을 겪게 만드는 것 같다.

그러다 보니 많은 정보가 정리되지 않아 미신적이고 허무맹랑한 것으로 취급되기도 한다. 예를 들어 M자 손금과 삼지창 손금은 대성하는 대길 상의 손금이라는 정보가 난무하고 있다. M자 손금이나 삼지창 손금을 가진 사람들은 남들과 다른 독특한 성격의 소유자다. 삼지창 손금의 소유자를 직접 만나본다면 '헉!' 할 정도로 매우 독보적이며 주도적인 성향과 창의성, 추진력, 실행력이 뛰어난 행동파이다. 그리고 M자 손금은 대인관계에 매우 뛰어난 매력적인 사람으로 명예, 사교, 부드러움 등 다정다감으로 승화시키는 사람이다.

수상학을 조금이라도 공부해 본 사람이라면 한 번쯤 들어보고 알 만한 '키로'가 있다.

'윌리엄 존 워너' 세례명을 가진 키로(Cheiro, 1866~1936)는 20세기 초의 점성술과 다채로운 신비적인 인물이었다. 손과 관련된 여러 책을 출판한 바 있는 그는 뛰어난 점성술로 수많은 인사에게 행운을 점쳤는데, 대표적인 인물로는 토머스 에디슨(발명가), 사라 베른하르트(20세기 최고 배우), 윌리엄 피리(타이태닉 건축가) 등이 있다. 유명 인사들의 미래를 점치며 행운을 빌어주었지만, 그는 69세의 나이에 심장마비로 숨을 거두었다.

키로의 손금은 사망 나이 59세지만 69세까지 살았다는 점은 손금으로 미래를 점쳐서는 안 된다는 것을 보여주는 동기가 될 것이다. 또한 심장마비로 죽는다는 것을 과연 예측했을까?

'윌리엄 벤 햄' 또한 수상학 전문가인데, 벤 햄은 키로와 같은 20세기에 많은 책을 출간하였으며, 그중에서도 1932년에 출간된《손에서 직업을 선택하는 방법》이란 책은 직업평가를 위해 필요한, 완전한 시스템을 보여주기 위한 책이 아닌가 한다. 현대에 와서는 '엘렌 골드버그'가 2016년 출판한《손으로 읽는 예술과 과학》이란 책이 있는데, 이는 벤 햄의 책에서 더욱 업그레이드된 한 사람의 성격, 성향, 재능 등 장단점을 이해하기 쉽게 설명하고 있다.

이뿐만 아니라 기원전 470년~399년 고대 그리스 철학자 '소크라테스' 또한 수상학을 연구하였으며, 그의 제자 '플라톤'과 플라톤의 제자 '아리스토텔레스'까지 면상을 포함한 수상을 같이 연구했던 것을 아리스토텔레스의 제자로 있던 알렉산더 대왕의 손금 그림에서 알아차릴 수 있을 것이다.

필자의 정보는 정확하지는 않지만 분명한 것은 필자가 1,000명 이상의 직원과 동거, 동락을 통해 보고 느끼고 경험한 실증사례를 통해서 볼 때, 수상학은 유럽에서 그렇듯이 그 사람의 타고난 기질과 성격 등의 성향을 파악하는 것이지 미래를 예측하는 수단은 아니라는 것이다. 따라서 수상을 통해 자신의 미래로 한 걸음 더 발전해 나갈 수 있는 자기계발의 수단으로 삼았으면 한다.

하여 필자는 자기계발을 원하는 모든 분에게 이해하기 쉽도록 수상학에 관한 정보를 제공해드리고자 한다. 이 책을 통해 면상과 수상학을 누구나 조금만 공부하면 알 수 있을 정도로 평이하게 전달하고자 한다.

4. 자기계발의 이해

관상을 배워야 하는 이유는 무엇일까? 필자는 자기계발을 하기 위함이라 생각해 본다. 그럼 자기계발이란 무엇인가?

스스로 自, 몸 己, 열 啓, 필 發은

즉, '잠재하는 자기의 슬기나 재능, 사상 따위를 일깨워 줌.'이다.

자기계발이란 뜻을 정확히 풀었을 때의 말이다. 자신의 잠재된 무의식적 반응, 행동, 말투와 인간관계, 사회생활, 자신의 장단점 등 자신을 깨닫고 장점은 살리며, 단점은 보완하고 절제로써 자신을 한 걸음 더 나은 삶으로 증진하여 나가는 것이다.

실제로 성공한 사람, 돈을 많이 번 사람, 명예와 권위를 가진 사람, 우리가 알고 있는 유명인의 수많은 자기계발 정보를 통해 따라가기 위해 애쓴다는 것이다.

하지만 현실은 어떠한가?

'작심삼일'이 멀다 하고 포기하고, 자신이 하고자 하는 바를 불신하며, 단지 돈을 벌기 위한 수단과 방법에만 혈안이 되어 있다. 그렇게 세속적인 현실에 집착함으로 인해 노년의 리스크는 점점 커지게 된다.

필자는 10대 시절부터 자립하여 자기계발과 진보한 삶으로 성공하기 위해 부와 명예로 성공한 인사들의 행동을 따라 해보고 그들의 자서전을 탐독하였으나, 40이 되고 나서야 그건 내 것이 아니라는 것을 깨달았다. 예를 들면, '데일 카네기'의 《인간관계론》과 《자기 관계론》을 읽고 책에 쓰여 있는 대로 사람들과의 관계를 형성하려고 노력하였으나 나와는 전혀 맞지 않았고 오히려 역효과만 나기 일쑤였다.

왜 그럴까?

무의식 속에 잠재되어있는 본질적인 성향이 다르기 때문이다. 데일 카네기는 나와는 완전히 다른 세일즈맨이자 비즈니스의 왕이었다.

'사람은 고쳐 쓸 수 없다.' 하였는데 필자는 비즈니스맨이 아닌 선생이었으며, 누군가를 성공의 본보기로 삼으려면 자신의 성향과 습성이 비슷해야 한다.

필자는 어려서부터 '나는 왜 이 모양일까?'라는 생각으로 천하의 못난 놈인 줄만 알고 살며 수없이 많은 일을 경험하였다.

누구나 다 그렇다고 여길지 모르지만, 필자는 정말 극과 극을 넘나들며 인생의 단맛, 쓴맛의 희로애락을 맛보았다.

필자가 경험했던 직업 중 간단한 몇 가지를 적자면, 중국집 면장, 자동차 딜러, 유흥주점 지배인, 나이트 DJ, 요식업, 건설 현장, 강사 등 이외에도 짧게 근무한 많은 일로, 직업 종류의 편차 폭이 매우 컸다.

이렇게 많은 직업을 떠돈 이유는 장단점을 모르고 어떤 일을 해도 나와 맞지 않고 겉돈다는 느낌과 점점 신경만 예민해졌기 때문이다. 사람들과 다투기 일쑤였는데, 그러다 보니 자존감은 바닥나고 자존심만 남아 피해 의식에 빠져 사는 사람이었다.

그런 와중에 30살쯤부터 배우기 시작했던 관상을 통해 중년에 접어든 지금
은 어느 정도 나 자신을 알아가는 것 같다.

필자는 선생이 맞는 직업(반평생을 관상이 말해주고 있었다는 사실을)이었
다. 하여 이제는 필자가 깨달은 관상법의 경험을 사회생활 하는 데 방황하고
고통받는 과거의 필자와 같은 사람들에게 세상을 대하는 눈을 밝혀 드리고자
한다.

관상을 공부하면 자신의 잠재 능력과 특성을 알 수 있다. 하지만 지금 시중에
는 면상과 수상에 대한 오류투성이의 정보가 많으며, 돈벌이 수단으로 미래를
예측하는 전법으로 사용하는 경우가 흔하다.

진정으로 미래를 원한다면 현실을 직시하고 올바른 눈을 떠야 하며, '나는 누
구인가?'라고 자신에게 계속 물어야 하는데, 그렇게 하더라도 자기 자신을 알
아차리는 것은 매우 힘들다. 그렇지만 면상을 알고 거울을 보며, 수상을 알고
손 모양과 손바닥을 들여다본다면 자기 자신을 알아차리는 데 엄청난 도움이
될 것이다.

독자 여러분들은 자기계발이 무엇인지를 정확히 깨닫고 자신을 발전시켜 돈
이라는 물질적 망령에서 벗어나 자신의 장점을 살림으로써 노년에 행복과 여유
를 찾길 바란다.

자기계발에 추천해주고 싶은 책이 있다면 유교 경전인 '사서오경(四書五經)'
이다. 《대학》, 《중용》, 《논어》, 《맹자》가 사서이며, 《서경》, 《시경》, 《주역》, 《예
기》, 《춘추》를 오경이라 하는데, 이중 《논어》는 꼭 읽어볼 것을 권한다. 어떠한

자기계발서라도 《논어》보다 좋은 것은 없다고 감히 생각한다.

《논어》에는 공자와 제자들 사이에서 오고 간 말들과 공자의 삶과 행동이 그대로 나타나 있다. 필자가 《논어》를 처음 읽는 순간, 《논어》는 나의 스승이 되었으며, 나 자신의 못난 모습을 되돌아보고 많은 반성을 하게 되었고, 다람쥐 쳇바퀴 돌듯 변화 없이 살아온 자신이 한없이 한스러웠다.

큰 틀에서 보면 물질적 사고를 지닌 사람과 정신적 사고를 지닌 사람이 서로 경계하며 싸우기를 반복한다.

물질적인 사람은 법치주의를 따지고, 정신적인 사람은 자유주의를 선호한다.

물질적인 사람은 절제되고 통제된 것을 잘 따르고 이행하는 반면, 정신적인 사람은 규칙과 규정을 따르기가 힘드니 자유주의를 선호하는 본질을 타고났다. 이러한 본질의 중간을 맞춰야 하는 민주적 법치주의가 서야 하는 것이 아닐지 생각해 본다.

아마도 공자는 '민주적 법치주의'의 이상적인 세상을 꿈꾸었을 것이다. 《논어》를 읽어보면 공자는 때론 부드럽고, 때로는 엄격하게 하였다.

공자로부터 시작된 유교 사상은 인간의 삶에 있어 仁, 義, 禮, 智, 信의 도덕적 덕목을 중시하는 것이다. 이것이 바로 민주적 법치주의가 아닐까?

공자는 그 당시 이상주의자라는 비판을 많이 받았는데, 그는 매우 현실적이고 논리적인 사람이었으며, 이상사회를 꿈꾸었던 정신적 사고가 강했던 사람임을 《논어》를 통해 알 수 있다.

공자께서 말씀하시길, "부(富)가 만약 추구해서 얻을 수 있는 것이라면 비록 채찍을 드는 천한 일이라도 나는 하겠다. 그러나 추구해서 얻을 수 없는 것이라면 내가 좋아하는 일을 하겠다." 하였다.

맹자는 기원전 403년에 태어난 사람으로, 그의 이론은 흔히 속담으로 알고 있는 '오십보백보'가 있으며, 인간은 본디 선하다는 성선설을 주장했는데, 말재주와 자존감이 매우 높았던 사람이었을 것이다.

맹자가 양 혜왕을 만나 왕이 나라의 이익을 논하자, 맹자가 "왕께서는 어찌 이익에 대해서만 말씀하십니까? 진정 중요한 것은 인의(仁義)가 있을 뿐입니다. 만약 한 나라의 왕이 어떻게 하면 나라를 이롭게 할지 생각한다면 아래 대부는 어떻게 하면 내 집안을 이롭게 할지 생각하고 선비와 서민은 어떻게 하면 내 한 몸을 이롭게 할지 생각하게 됩니다." 하였다.

공자와 맹자의 말처럼 물질적인 이익만을 추구한다면 나라가 점점 위태롭게 된다고 하였는데, 지금의 정치판을 보면 어떠한가? 시기와 질투, 증오와 서로의 주장을 내세우며 이익만을 추구하고, 권위라는 미명에 권력 남용을 일삼고 있다. 이렇게 본능에 충실하면 물질적으로 되고 자기계발이란 의미가 무색해진다. 인간은 욕망의 굴레에서 벗어나야 한다.

자공이 군자에 관해 여쭙자, 공자께서 말씀하셨다. 먼저 자기 말을 스스로 실행한 다음에 타인에게 자기를 따르게 하는 것이다.

현실의 사람들은 이와 반대이다.
정작 자신은 실천해보지도 않고 말로써 가르치고 설득하려 하며, 이해하는 척하면서 자신에게 이롭게 하려 한다.

사람들이 눈앞에 보이는 이익만을 추구할 것이 아니라 자기 자신을 잘 돌아보고 내면을 관찰하며, 나는 누구인가를 질문하면서 자기계발에 힘쓰고, 하고 싶은 것이 있다면 의지와 끈기를 가지고 노력해 나가야 노년에 행복과 여유로움이 있다고 생각한다. 그것이 곧 인간의 궁극적인 목표이자 행복이 아닌가 한다.

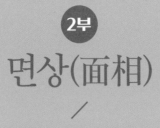

2부

면상(面相)

면상(낯 面, 서로 相)

성품은 면상에 나타나므로 면상 공부한 사람을 속일 순 없다.

1. 눈

   '눈은 마음의 창'이라 하였다. 면상 감별의 60% 이상을 차지할 정도로 눈은 매우 중요하며 그만큼 정확성이 요구된다. 따라서 눈 하나만이라도 제대로 보는 방법을 알아보자. 눈에는 그 사람의 습성, 성격, 가치관이 모두 들어있다. 또한 옳고 그름과 이기적인지 사교적인지, 차분한지 사나운지를 볼 수 있다. 눈의 빛깔은 흑과 백이 분명하여야 하며, 핏대가 서 있지 않아야 하고, 작지도 크지도 않은 눈을 최상으로 여기며, 그래야 온전한 사고를 지닌 사람이라 본다.

   눈의 흑과 백은 아이들의 눈을 보면 쉽게 알 수 있다.

   봉황의 눈과 용의 눈이 너무나 유명해서 관상을 모르는 사람도 많이 들어보았을 것이다.

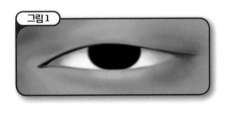

그림1

그림1 **봉황의 눈** : 위아래 눈꺼풀이 모난 곳 없이 얇고 길게 수려한 느낌을 주고 눈동자는 흑과 백이 분명하다. 너그럽고 세상을 바라보는 혜안이 밝으며 지혜로움을 가진 사람이다. 봉황의 눈은 여자에게 잘 맞는 상으

로 가정이나 주변 사람들에게 인정을 베풀고, 요염하고 매력적인 자태를 뽐낸다. 하지만 남자가 봉황의 눈을 지니고 있다면 온화하고 부드러우며 매력적인 사람일지는 모르나 다소 이익에만 치중하는 사람일 것이다. 만약 세종대왕이 봉황의 눈이었다면 얼굴의 이목구비와 일맥상통했을 것이다. 봉황의 눈은 여자보다는 남자에게서 더 많이 볼 수 있다.

그림2 **용의 눈** : 눈의 시작점이 콧방울을 바라보는 듯하고 눈꺼풀의 위아래가 직선을 그리는 듯하면서 눈의 꼬리는 살짝 올라가 있다. 신뢰가 높고 공사 구분이 명확하며, 권위와 명망이 높은 사람이 될 수 있다. 용의 눈은 남자에게 어울리는 눈이며, 이러한 눈을 가지면 뛰어난 분별력과 통솔력으로 일을 추진해 나가며, 신의를 저버리지 않고 온건한 사람이 될 수 있다. 하지만 용의 눈을 여자가 지니고 있다면 과유불급이 되는데, 남과 여는 양과 음의 이치라, 양은 사리에 어둡고 음은 사리에 밝다. 사람은 기본적으로 욕망의 동물로서 가지려는 욕심이 있는데, 이는 여자에게서 더 강하게 나타난다.

여자들은 시기심과 질투심이 강한데 사리에 밝은 용의 눈을 가지면 자기 우월주의와 이익에만 맞춰진 사고가 강하다. 그래서 용의 눈을 가진 여자의 삶은 타락하거나 아니면 상당한 재력가가 될 수 있고 중간은 없으며, 용의 눈은 남자보다 여자에게서 흔히 볼 수 있다.

봉황의 눈과 용의 눈을 가졌다 하여 모두가 성공하는 길한 상이 될 수 있는 건 아니며, 양과 음의 조화, 사고의 조화, 환경의 조화로 3개의 조합이 맞아야만 대 길상이라 할 수 있다.

따라서 봉황의 눈뿐만 아니라, 어떠한 눈을 지니든 간에 명확하고 분명하며 강렬한 눈빛을 지녀야만 대 길상이라 평가할 수 있다는 것을 명심해야 할 것이다.

눈의 상을 알기 전에 기본 중의 기본인 눈의 세부 명칭부터 살펴보도록 하자.

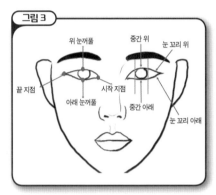

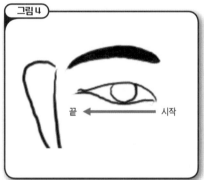

그림 3, 4 의 그림을 참고하길 바란다.

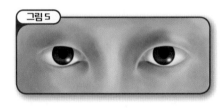

그림 5 와 같이 시작점이 코를 바라보듯 위쪽 눈꺼풀이 아래쪽으로 강하게 발달할수록 사물이나 환경을 바라보는 눈이 매섭고 날카로우며,

받아들이는 마음, 이해력 또는 수긍하는 마음이 뛰어나지만 모든 것은 눈썰미나 환경을 받아들이는 성향에서 나타날 뿐이지, 공감 능력, 소통과 같은 교감 능력과는 다르다.

그림 6 처럼 시작 지점이 둥근 형태는 아이들의 눈으로 시야가 넓지 못하

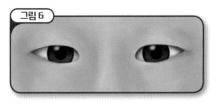

고 물질적인 탐욕이 강하게 나타나는데, 마트에 가서 갖고 싶은 장난감이나 과자 등을 사줄 때까지 억지를 부리는 아이들이 이러한 눈이다.

만약 성인의 눈이 이러하다면 이기적이고 권위, 명예, 물욕 등 탐욕이 매우 강한데, 박사방 사건의 조주빈 눈이 그 예이며, 이런 눈은 대체로 소시오패스의 성향을 많이 나타내고, 개인주의, 물질주의, 탐욕주의 등 강한 자기 욕망을 추구하는데, 안타깝게도 이러한 눈은 현대에 와서 많은 사람에게서 나타나고 있다.

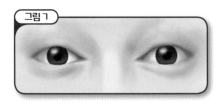

그림7 과 같이 눈의 시작 부분과 끝부분이 직선을 그리는 사람은 속과 겉이 같고 감정표현이 솔직하다. 이러한 형태는 서양 사람들에게서 많이 볼 수 있는데, 서양 사람들은 보편적으로 자신의 감정에 충실하고 주관적인 견해가 강하며 솔직함이 있다.

서양은 교육방식부터가 한국과는 확연히 다르다는 것을 알 수 있다. 그들은 어려서부터 자존감과 자립심을 길러주지만, 한국은 유교 사상이 바탕이 되는지라 부모의 가르침 방식부터가 다르고 관계 문화 속에서 인격과 인성이 발달하고 성장하게 된다. 그렇다 보니 한국 사람들은 자신의 속을 잘 보이지 않는 습성을 지니고 있는데, 한국 사람이 이러한 직선의 눈을 가지고 있다면 자비로워 보여도 속은 이기적이고 옹졸한 사람일 가능성이 크다. 하지만 눈의 특성상 감정표현이 솔직한 사람일 것이라는 것에 초점을 맞추어야 한다.

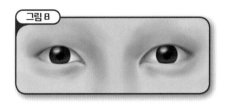

 의 눈과 같이 시작 기점이 아래로 향하면 자신의 감정을 숨기고 억제하려 하고 사교적이다. 이는 한국 사람들 대부분이 가지고 있는 눈의 형태이다. 간혹 시작 부분이 위로 된 사람이 있는데, 이 경우는 매사가 신경질적이거나 화가 많은 사람일 수 있다. 보통 우리가 화를 내거나 눈을 심하게 부릅뜨면 시작 부분이 위로 가는 모양을 하게 된다.

관계 문화 속의 대립 관계에서 나타나는 대한민국의 특성이라 보여진다.

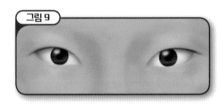

 처럼 눈꼬리 부분이 위로 올라가듯 발달한 사람은 혜안이 밝고 총명하다. 생활력이 강하고 의지와 끈기가 있으며, 활동성이 강한 사람으로 생동감이 있어 매사 적극적이라 할 수 있다. 만약 여자가 이러한 눈을 가지고 있으면, 가정이 화목할 것이지만, 남자가 와 같은 눈을 가졌다면 사납다, 날카롭다, 까칠하다, 완벽주의, 계산적, 옹졸함 등의 성향을 보일 것이다.

 과 같이 눈꼬리가 처진 사람은 매사에 소극적이지만 현명하고 차분하게 생각하는 것을 좋아하며, 환경의 수용 능력이 매우 뛰어나다. 남자가 처진 눈을 하고 있으면, 사회활동에서 인기가 좋지만, 여자가 처진 눈을 하고 있다면 조용하고 차분해 보일지라도 야릇하거나 엉뚱한 생각

또는 맹한 구석이 있다. **그림9** 와 **그림10** 은 양과 음의 이치에 많은 영향을 미친다.

....

　용의 눈, 봉황의 눈에서부터 알아보았듯이 모든 만물의 영장류는 만물의 이치에 따라 양과 음의 조화가 있다는 사실을 분명히 기억해야 할 것이다. 아무리 좋은 눈을 가졌더라도 눈, 코, 입, 귀, 이마, 턱뿐만 아니라 관상의 모든 조합이 맞아야만 최고의 본질을 지닌 귀한 상이라 할 수 있으며, 최악의 상이라 하더라도 성공한 사람이 많은데, 예로 한국의 백범 김구와 전 미국 대통령 링컨이 있다. 둘의 상은 빈천한 상에 지나지 않는다. 따라서 본인의 상이 어떠한들 가치관, 의지, 인내만이 미래를 개척해간다는 사실을 잊지 말길 바란다.

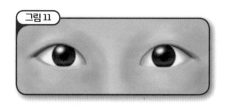

그림11 과 같이 위 눈꺼풀의 중간이 둥근 모양을 하고 있으면 대인관계가 좋고 협조적이다. 둥글면 둥글수록 웃음과 행복을 찾는 사람이지만, 삶에 여유가 적고 눈물이 많으며, 겁이 많다.

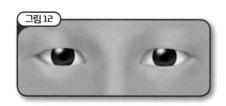

그림12 와 같이 눈의 중간 부분이 직선의 모양을 하고 있으면, 물질적 욕망이 강하고 매사 계산적인 사람이다. 보통 윗눈꺼풀이 직선인 사람에게서는 하삼백이라는 눈동자를 많이 가지고 있는데, 집중력과 의지력, 인내심이 좋아 목표를 달성하는 사람이 많다. 이런 눈의 소유자는 원하는 목표의식이 분명한 경우가 많아 성취감과 목표달성하는 사람이 많다.

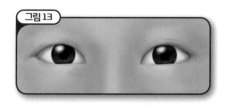

그림13 처럼 아래 눈꺼풀이 중간 지점에서 직선을 그리는 사람은 이성적, 현실적, 논리적으로 따지기를 좋아하며 이기적인 면이 있다.

공과 사의 구분이 뚜렷하며, 무모하거나 계획 없는 실행을 잘 하지 않는다.

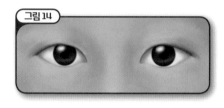

그림14 와 같이 아래 눈꺼풀이 처져 있는 것처럼 중간 부분이 아래로 곡선을 하고 있으면 감수성이 강하고 감정적인 사람이다. 곡선이 심할수록 감정 기복이 심해지고 꿈을 좇는 경향이 강해져서 마음이 느슨하고 나태해질 수가 있다.

반면에 창의성이나 아이디어, 예술, 색감 등 예술성이 강한 사람들이 많은데, 이러한 눈은 인도 계열(파키스탄, 네팔, 스리랑카, 인도) 등의 사람들에게서 흔히 볼 수 있다. 인도의 문화를 보면 모든 사물의 색깔이 화려하고 독특한 사고와 특이한 것에 집착하는 신념을 보인다. 대표적인 인물로는 아돌프 히틀러가 이러한 눈을 가졌으며, 그는 예술가가 되고 싶어 했다.

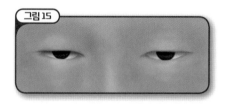

그림15 처럼 위 눈꺼풀이 시작부터 눈꼬리까지 직선으로 발달한 눈을 가진 사람은 매사가 계산적이고 물질적이며, 자신의 욕심을 채워야만 직성이 풀리는 타입이다.

환경을 바라보는 눈썰미나 핵심 파악이 매우 뛰어나고, 침착함을 가지고 있다. 젊어서 성공하는 사람이 많을지 몰라도 노년의 삶은 여의치 못한 탐욕주의의 결말을 보여줄 것이다.

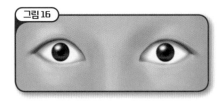

그림16 의 눈은 사백안이라 하는 눈인데, 눈의 4방향에 흰자가 보여 그렇게 부른다. 이러한 눈을 가진 사람은 **그림15** 와는 정반대로 물질보다는 감정에 충실하며, 분별력을 상실하는 경우가 생길 수 있다. 사물이나 환경을 바라보는 눈이 매우 예리하고 예민하며 과민반응을 보일 때가 많고, 저돌적인 성향을 지니고 있다. 만약 사백안이 자기절제, 사리분별력 등 인격을 갖춘 사람이라면 매우 추진력이 강한 능력자일 것이다.

그림17 처럼 툭 튀어나온 눈을 하고 있으면 주위 환경에 순응적이고 사교성이 뛰어나며, 활동성이 강함을 나타내지만, 눈꺼풀의 살집이 없이 눈만 튀어나와 있으면 활동적이고 사람들과 잘 어울리지만, 이간질을 잘하거나 남의 흉을 본다든지 간신배와 같이 줏대가 없는 사람처럼 보일 수 있으며, 양기가 강한 사람이라면 자기가 주도하거나 지배하지 못한다면 왕따로 만드는 경향이 많다.

....
윗눈꺼풀에 살집이 두둑한 사람은 나근나근하고 서글서글하며, 포용력과 사회활동 영역이 매우 폭넓다.

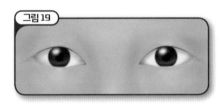

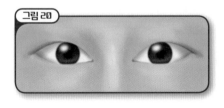

그림18 과 같이 쑥 들어간 눈은 매사에 신중하고 집중력이 좋으며, 조용한 편이고, 생각하기를 좋아하는 사색적인 눈이다. 들어간 정도가 심한 경우 생각이 과해 염세적이거나 비평론가인 경우가 많다. 신경질적, 예민함, 은둔, 비사교적인 면 등이 있고, 유머 감각이 떨어지고 매사 진지한 경우가 많아 다가가기 힘들다. 보통 눈이 들어간 사람들은 학자, 교수, 연구원 같은 직업을 지닌 경우가 많다.

그림19 와 같이 눈 사이 미간이 넓은 사람은 온화하고 부드러운 사람이 많다. 자신의 주장보다는 타인의 의견에 협조적이고 수용적이며, 도량이 넓은 사람이 많지만, 섬세하거나 꼼꼼함은 부족한 편이라 창의적이지 못하고 수동적인 경향이 있다.

그림20 과 같이 눈의 미간이 좁은 사람은 집중과 의지력이 강하고 다양한 재주나 끼와 같은 예능 감각이 뛰어난 사람이 많다.

반면 신경질적이고 의지는 강하지만 끈기가 없어 금방 싫증을 내기도 한다. 직장, 일 또는 물건에 집요함과 집착이 강하지만, 인내심을 요하는 것에는 진득한 맛이 없다.

조조는 현실주의자에 물질적이다

조조(출처 : https://namu.wiki)

관상가 허자장(허소)이 조조를 보고 "치세에는 유능한 신하이지만, 난세에는 간웅이다."라고 하였다.

*치세 : 평화로운 세상 / 난세 : 무질서하고 어지러운 세상

《삼국지》의 조조를 떠올릴 때 빼놓을 수 없는 게 아닌가 싶다. 당시에는 인물평을 받는 것이 유행과 같았다고 하는데, 역사 속 조조의 면상을 보면 눈은 얇고 작은 눈이라 하였다. 얇고 작은 눈은 집요하고 집중력이 강하며 물질적인 눈을 말한다.

유비 또한 조조를 보고 "얇고 길게 찢어진 눈에 날카로운 눈빛, 짙지만 숱이 많지 않은 수염, 얇은 입술, 7자 되지 않는 키, 호화로운 장식에도 돋보이지 않는 몰골, 하지만 몸 전체에서 이상한 힘이 뿜어져 나왔다."라고 그의 관상을 평하였다. 유비의 말이 우리가 아는 조조와 가장 부합한다. 유비의 말대로라면, 조조의 얇고 길게 찢어진 눈은 사물을 꿰뚫어 보는 안목이 뛰어나고 사리 분별이나 혜안이 밝은 눈이며, 얇은 눈이란 물질적이고 현실적이란 말로 해석이 가능하다. 날카로운 눈빛은 그 사

람의 패기에서 나오는 힘이며, 숱이 많지 않은 수염이란 고집스러움이 없다는 것이고, 얇은 입술은 말재주와 언변을 뜻한다. 호화로운 장신구에도 돋보이지 않은 것은 조조가 무인이었기 때문인지 전체적인 풍상이 고귀해 보이진 않았을 것이라고 읽어진다.

그렇다면 조조의 일상은 어떠했을까? 인재 등용이라면 조조를 빼놓을 수 없다. 인재를 등용하는 데 있어 수단과 방법을 가리지 않았으며, 관우를 수하로 두기 위해 했던 행동들을 보아도 인재에 대한 집착이 매우 강했던 것을 알 수가 있다. 이러한 행동은 그의 작고 가는 눈 모양새에서 알아볼 수 있는데, 사람에 대한 소유욕 또한 물질적인 것이다. 작은 눈은 도량이 없고 주관적이며 물질적이지만 가늘고 길게 늘어진 눈은 도량이 넓고 수용성이 강하며 느긋한데, 부처의 눈을 그릴 때 가늘고 길게 그린다.

조조는 현실적이고 지혜로운 사람이었으며, 사건 사고를 해결할 때도 여러 책사의 말을 듣고 그중 가장 현명한 사람의 말을 따르거나 자신의 주관적 견해에 맞춰서 결정했던 것을 볼 수 있다. 이러한 처세를 볼 때 그는 현실주의자이자 실용주의자이며 물질 만능주의자로, 지극히 물질적인 사람이었다고 감히 말할 수 있다.
조조의 말과 행동을 모두 눈을 통해 알아차릴 수 있듯이 눈의 생김새만으로 물질적인지 현실적인 어떤 사고를 지니고 있는지를 읽어 낼 수 있다.

유비는 이상주의자에 정신적이다

유비(출처 : https://namu.wiki/w/)

유비의 관상을 보면 귀는 어깨에 닿았고, 눈은 컸으며, 손목은 무릎까지 닿으니 기이하다 하였으며, 수염은 부분적으로 없었고, 큰 눈을 가졌다. 제갈량은 자태가 좋아 그를 따르기로 하여 나섰다고 한다.

유비의 관상은 《후한서》, 《정사》, 《화양국지》, 《연의》 등 어디를 봐도 정확하게 설명한 것은 없다. 유비의 외모를 과장하여 표현하는 건 고귀하고 인자한 사람으로 묘사하기 위함이 아닌가 생각한다.

귀는 확실히 크긴 컸던 모양이다. 귀가 크면 현명한 사람으로 주위의 말을 잘 듣고 처세술이 좋으며, 눈이 크다는 것은 정신적인 사고가 많이 발달했다는 것으로 유추해 볼 수 있다. 유비의 사상은 덕을 중시한 유교 사상이었고, 인(仁)의 성정에 초점을 둔 걸로 보아 눈이 컸던 것이 맞는 듯하다. 큰 눈은 감정적이고 감수성이 풍부한 사람에게서 많이 볼 수 있다.

'팔은 길다.' 하였는데, 팔이 긴 경우는 느슨하거나 차분하고 조용한 사람에게서 많이 볼 수 있다. 수염이 부분적으로 없다는 것은 조조와 마찬가지로 주관적이기보다는 객관적인 사상이 강한 사람으로 억척스러운 고집은 없었던 것으로 볼 수가 있다.

유비는 조조와 완전히 반대되는 성격을 보였는데, 조조는 물질적이었고, 유비는 정신적이었으니 관상을 보아도 두 사람이 확연히 다르다. 이러한 차이점은 조조와 유비의 말에서도 차이를 알 수 있다.

『조조는 동탁의 암살이 실패하여 여백사 집에 도망을 갔다가 오해하고는 하인부터 여백사까지 모두 죽이고 공대에게 말했다.
"내가 천하를 배신할지라도 천하가 나를 배신하지는 못할 것이다."』

『유비가 10만이란 피난민을 이끌고 조조 군의 추격을 당하고 있을 때, 이대로라면 위험하니 유비 자신만이라도 도망가라는 참모들의 말을 무시하고 절대 그럴 수 없다고 하며 말하였다.
"백성이 나를 버릴지언정 나는 백성을 버릴 수 없다."』

말에서부터 확연히 다른 두 성격에 차이를 보여주고 있다. 조조의 말에는 자기 우월주의로 나르시시스트 같은 성향을 보이지만, 유비는 타인이 중심이 되는 에코이스트 같은 성향을 보인다. 사람들의 심리는 자유로움이나 편리함 등 만만한 상대를 찾을 때는 에코이스트를 찾고, 이득이나 과시욕, 우월함 등을 위해서는 비굴하고 복종하는 불편함이 있더라도 소시오패스나 나르시시스트 같은 우월주의자를 따르게 된다.

유비의 자질로 본다면, 물질적인 사고를 지닌 사람이 볼 때는 매우 답답하고 공과 사를 구별하지 못하고 가증스러워 보이는, 못마땅한 사람으로 비추어질 수도 있다.

반대로 정신적 사고를 지닌 사람이 조조를 바라볼 때는 매우 거칠고 독불장군과 같이 자기밖에 모르는 이기적이고 파렴치한 사람으로 보일 수가 있다.

물질적인 사람과 정신적인 사람 두 부류가 추구하는 이념이 다르니 무엇이 옳은지 그른지는 단정할 수 없지만, 다만 이러한 사고의 차이를 눈에서 알아차릴 수 있고, 사람의 마음은 눈으로 모두 드러나게 되어 있다는 사실이다.

『중국 당나라 마의 선사는 두 자식의 사주를 보고 팔자를 예견해주었는데, 세월이 지나 재상이 될 팔자라 했던 첫째는 방탕한 생활로 이미 거지 상이 되어 있었고, 거지 상이라 했던 둘째는 재상의 상으로 바뀌어 있었다. 마의 선사는 반대가 된 것을 보고 이러한 말을 남겼다. "四柱不如身相, 身相不如心相"(사주불여신상, 신상불여심상)』

이 말은 '사주보다 신상이고, 신상보다 심상'이라! 이것을 역학에서는 "사주불여관상, 관상불여심상"이라고 덧붙였다. 사주보다 관상이고 관상보다 심상이라는 말인데, 결론은 무엇보다 자신의 마음 먹기에 달렸다는 뜻이다.

요즘은 또 다른 말로 "심상불여관상, 관상불여사주"라고 바꾸어서 말하기도 한다. 즉, 사람은 태어날 때부터 사주팔자가 정해져 있기 때문에 그렇게 마음을 쓰게 되며 행동과 말을 하는 것이고, 그러므로 관상은 그렇게 생긴 것이며, 관상이 곧 자신의 마음이다.

필자는 관상과 손금을 본 후 사주팔자와 대조해 보고 깜짝깜짝 놀랄 때가 많다. 사주와 맞아떨어지는 경우가 부지기수로 많기 때문이다.

필자의 관상 보는 목적과 방법 및 접근성은 성격, 성향 등 그 사람의 본질을 보는 것에 목적성을 두고 있으며, 사주에 그다지 의존하지 않고 마의 선사 말처럼 심상이 최고라고 여기는 편이다.

심상, 즉 마음을 어떻게 먹느냐에 따라 달라지고 그 결과물이 눈으로 나타난다는 것이다. 그것은 바로 마음에서 추구하는 이념이 눈의 모양새와 눈의 빛깔 등으로 나타난다는 것이다.

눈은 그 사람의 패기와 강단을 보여주는 것이니, 맹해 보이는 눈이나 볼품없는 눈으로는 삶에 어떠한 성과도 바라지 말아야 한다.

상담하다 보면 '왕따'당하거나 인정받지 못하는 아이들의 눈은 아래를 보거나 눈동자가 흔들리는 등의 불안한 모습을 보인다. 반대로 성인이지만 자존감이 떨어져 있거나 불안정하면 과하고 부담스러울 정도로 상대의 눈을 응시하는 경우가 많다.

한 번뿐인 인생을 활기차게 즐기면서 살아 보아야 하지 않겠는가? 그러기 위해 패기와 열정을 마음 깊이 담는다면, 눈의 안광부터 변할 것이다.

눈의 안광이 변하려면 운동만큼 좋은 것이 없다.

2. 입

말하는 건 쉽지만 실행하기는 매우 어렵다. 누군가 옆에서 무엇을 하고 있다면 꼭 그것을 말로써 거들어 준다. 즉, 책임지지도 못할 훈수로 잘 거들어 주며, 알지도 해보지도 않은 것을 청산유수처럼 아는 척 말을 한다.

장기를 둘 때 보면, 옆에서 구경하던 구경꾼의 눈에는 다음 수 혹은 몇 수 앞까지 훤히 들여다보이는데 그새를 참지 못하고 훈수를 둔다. 그런데 막상 자신이 장기판에 앉아 있다면 그보다 못한 장기를 두게 되는데, 이런 행동은 아는 척 가르치려는 몹쓸 정신병 때문이다.

말 한마디의 중요성이 얼마나 큰지는 누구나 잘 알고 있는 사실이지만, 막상 어떠한 상황에 닥치면 자신도 모르게 기분과 감정에 맞춰서 말하게 된다. 이는 사람은 거의 모두가 소인이기에 자기절제를 잘하지 못하는 편이다. 필자 또한 마찬가지로 매번 말실수라 느끼고 나 자신을 질책하고 또 질책하면서도 지금까지 내 입 하나 단속하지 못하고 산다.

속으로 매일 반성하지만, 습관상 잘 통제가 되질 않는다. '나는 이 정도인데 다른 사람들은 어떨지.' 하는 궁금증이 생기기 시작해 관찰을 시작하다 보니 깨달은 사실이다. 입 모양에 따라서 선천적으로 말을 잘하는 사람, 말실수가 많은 사람, 입이 무거운 사람 등이 구분된다는 사실이다. 입이 두터운 사람은 말이 무겁고 거칠며, 입이 얇은 사람은 입은 가볍지만, 실속 있는 말을 잘한다.

그럼 과연 어떠한 입 모양이 좋고 나쁜지 살펴보도록 하자.

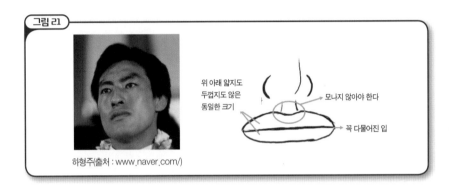

그림 21

위 아래 얇지도
두껍지도 않은
동일한 크기

모나지 않아야 한다

꼭 다물어진 입

하형주(출처 : www.naver.com/)

앞의 사진은 하형주 선수로 유도에서 대한민국 처음으로 1981년 아시아선수권대회에서 금메달을 획득하며 최우수 선수로 선정되었다. 필자는 관상 중 하형주 선수의 얼굴이 남자로서 가장 이상적인 상이 아닐까 생각해 본다.

하형주 선수의 몸은 전형적인 태음인에 양의 기운을 품고 있고, 얼굴은 사자의 상으로 부드러우면서도 강렬한 이미지에 사람을 끌어당기는 타고난 리더의 상이다.

하형주 선수의 입은 남자에게 있어서 가장 좋은(넉 四) 입이다. 야무지게 다물어진 모습에 입의 양쪽 끝은 찢어져 보이지 않아야 하고, 직선을 그어 놓은 것 같아야 한다. 또한 인중과 입은 만나는 지점이 모나지 않게 넓어 보이면서 부드러운 곡선을 그리고, 위아래의 입술은 비슷한 두께로 얇지 않아야 한다

（ 그림21 ） 참조). 이목구비에 비해 입술만 도드라져서도 안 되고, 색도 어두운색이 아닌 입이어야 한다.

어렵지 않은가? 그래서 귀한 입이라 한다. 그렇지만 아무리 좋은 입이라 하더라도 이목구비와 조화로운 입이라야 말과 행동이 일치하는 온건한 사람이 되는 것이다. 반대로 입술만 너무 도드라져 보인다면 과유불급으로 지배욕이 강해져 언행에 거칠어짐을 보인다. 입이 큰 사람 중 유심히 관찰해볼 필요성을 가지는 사람이 있는데 다른 이목구비와 비교하여 입은 도드라지게 크지만, 눈이 작으면 최악의 상으로 소시오패스일 가능성이 크다.

⋯⋯⋯⋯⋯⋯⋯⋯⋯⋯⋯⋯⋯⋯⋯
보통 입이 크면 다른 이목구비도 큰 게 특징인데, 눈, 코, 귀 중 눈만 작은 경우 거의 모두가 자기중심적인 사람이라 감히 판단할만하다.

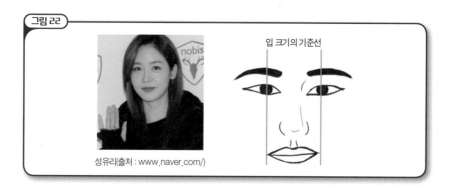

그림22

성유리(출처 : www.naver.com/)

앞의 사진은 가수 핑클의 성유리 씨다. 여자 입 중에서 성유리 씨의 입이 이상적이라 뽑아 보았는데, 여자는 입이 크지도 작지도 않아야 한다.
여자는 음(조용하고 신중하며 생각이 많음)의 기운을 타고났기에 입이 작으면 작을수록 냉정하고 까탈스러워지며 자기 실속을 챙기기에 바쁘거나, 매우 소극적이거나, 소심한 사람이 될 것이고, 입이 크면 클수록 쾌활하고 개방적이며, 솔직하지만, 타인과의 감정교류가 헤프게 된다.

남자는 그 반대다. 입이 크면 활동성이 강해지기에 양(활동적, 경쟁심, 투쟁심, 추진력)의 기운을 한층 더해 솔직함, 교감 능력, 사교성 등으로 사회생활에서 유능한 지도자가 될 수 있다. 여자와 다르게 남자는 입이 작을수록 환경을 바라보는 시야가 좁아 베푸는 덕이 없다(입의 크기는 **그림 22** 참조).

성유리 씨의 입처럼 여자 입은 **그림 22** 와 같은 기준의 입에, 입술 두께는 윗입술이 아랫입술보다 살짝 얇은 것이 좋고, 아랫입술은 약간 도톰해 보이는 것이 이상적이며, 입술의 윤곽은 또렷해 보여야 하고, 인중과 입이 만나는 지점의 윤곽이 또렷하게 펜촉과 같이 발달해 있어야 여성의 성숙미, 섬세함, 세심함이 있으며, 색은 담홍색인 게 좋다. 여자의 입술이 담홍색의 밝은색을 띠면 음한 기운의 바탕에 밝은 기운이 맴돌아 건전한 사고를 지녔다는 걸 알 수 있다.

....

남자가 붉거나 담홍색의 맑은 색을 지니고 있다면, 말로써 하는 수단이나 말재간이 매우 뛰어나 좋은 기운으로 발산되면 강사, 교사와 같은 교육에 뛰어난 사람이거나 비즈니스, 서비스 등의 영업 직종에 두각을 나타낸다. 반면 좋지 않은 기운을 띠면 윤락, 사기, 교활, 바람둥이 등 나쁜 사회영역을 차지한다.

입술의 위아래 두께는 이성과 감정을 나타내는데, 윗입술이 얇으면 실속과 논리를 따지며, 두꺼우면 우매하다. 아랫입술은 감정으로 사람에 대한 교감 또는 정을 나타내는데, 아랫입술이 얇다는 건 야박, 인정 없음 등 타인을 대하고

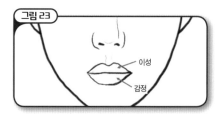

받아들이는 감정이 적다. 반대로 두꺼우면 정이나 베푸는 게 아닌 지배 욕구가 강해 과욕 또는 감정적이거나 둔탁하다(그림23 참조). 위아래 입이 얇고 작으면 인정과 덕보다는 이기적이고 계산적이며 실속 챙기기에 바쁘고 타인의 감정보다는 자기중심적이다.

필자는 책과 정보들을 통해서만 배웠다든지, 산속에서 도를 닦은 것이 아닌 현장 실전을 통해 관상을 습득했으며, 직접 현장에서 관리직으로 천 명 이상의 직원들에게서 슬픔과 고통을 함께 느끼며 터득한 것으로 어떠한 상황이나 지시를 내렸을 때, 그 사람의 입 모양새에 따라 말과 행동이 고유하게 나타난다는 공통점을 발견하였다.

또한 옛날과 현재는 관상 보는 법도 달라져야 한다고 생각하는데, 옛날의 입 관상에서는 쩝쩝거리면 빈천하다 했지만, 요즘은 어떠한가? 방송을 보면 '먹방'을 찍을 때 일부러 쩝쩝거리며 누가 더 맛있게 먹나 소리를 내며 자신을 홍보한다. 따라서 관상에 있어 옛것만을 고집하기보다 현시점에서 미래지향적으로 바뀌어야 하며, 과학적 근거로 관상에 대한 정보가 더욱더 진보하고 발전하길 바란다.

그림24 와 같이 윗입술이 아랫입술보다 튀어나와 있는 사람은 타인과의 논쟁, 시비 등 경쟁에서 지고는 못 사는 성격으로 자존심이 강하다.
소음인, 소양인이 그림24 와 같은 입이라면, 이성적이고 논리적으로 따지

기를 잘하고 자기관리가 뛰어나다.

사회활동에 있어 부하 직원 또는 집단의 자리에 있는 경우 적응을 잘 못 하고 1인 직업, 관리직, 사업 등 자신이 우위를 점하는 자리에 있어야만 심신이 편하다.

그림 25 와 같이 아랫입술이 윗입술보다 나와 있는 사람은 다투기를 좋아하며, 감정적이어서 싸우더라도 실속이 없어 못난 사람이 되기 십상인데, 싸우거나 다투더라도 뒤의 행동에 많은 차이를 보인다. 따라서 아랫입술이 나온 사람은 하고 싶은 말이 있더라도 보통 사람보다 더 참는 노력을 해야 이로울 것이다.

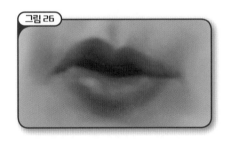

그림 26 의 경우 어느 한쪽이 조금씩은 올라갈 수 있지만, 한눈에 알아볼 정도로 말을 할 때 편파적으로 치켜 올라가는 사람이 있다.

흔히 볼 수는 없는 입이며, 이러한 입은 가식, 허위 등 말에 있어 신뢰성이 매우 떨어지는 사람이다.

그림 27 처럼 아랫입술 어느 한쪽이 편파적으로 내려간 사람은 사람 알기를 우습게 보는 사람일 가능성이 크다.

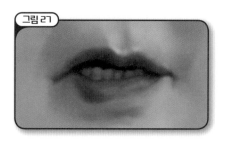
그림 27

비웃거나 비아냥거리는 등의 상대를 무시하는 경향이 매우 강하게 나타난다.

그림 26, 27 처럼 두 가지 입을 가진 사람이라면 이는 위선자로, 매우 자기중심적으로 병적인 사람이라 감히 말할 수 있다. 포용력, 수용력, 경청 등 타인의 말에 귀 기울일 줄 알아야 한다.

....
모든 사람의 공통된 사항이다.

입은 어느 한쪽이 편파적으로 올라가거나 내려가서는 안 되며, **그림 26, 27** 중 하나라도 발달되어 있다면 "너 자신을 알라."고 말 하고 싶다.

말할 때 흔히 이가 보이게 되는데 윗니가 보이는가, 아랫니가 보이는가에 따라 성격이 다르게 나타난다.

그림 28

그림 28 처럼 말할 때 윗니가 보이는 사람은 개방적인 사람으로 속마음을 잘 감추지 못하는 사람들이 많으며, 활동성과 대인관계가 원만하다고 할 수 있다.

그림 29 처럼 아랫니만 보이는 경우는 폐쇄적인 사람으로 속내를 잘 드러

그림 29

내지 않는다. 아랫니만 보이는 사람은 입꼬리가 처진 경우가 많은데 인생의 참된 즐거움을 모르는 사람일 가능성이 크다.

윗니가 보이는 사람이 행동이 먼저라면, 아랫니가 보이는 사람은 생각이 우선인 사람으로 서로 상반 관계가 된다.

아랫니가 보이는 사람이 지도자가 된다면 추진력이 떨어지고 고정된 지식에 얽매어 논리만 따지다가 일을 그르칠 수 있고, 지식을 얻는 것에는 능하나 지혜를 얻는 것에는 아둔한데, 이러한 입은 현재 정치계의 고위 관직에 있는 사람들에게서 많이 볼 수 있다. 이런 경우 제재와 통제만 많아지고 민중을 돌보기 어렵게 된다.

윗니만 보이는 경우는 아랫니와 반대이다. 개방적인 사람으로 행동이 우선으로 지혜는 많이 얻을지 모르지만, 지식을 얻는 것에는 아둔해 환경을 어렵게 만들거나 곤경에 처하는 경우가 많다.

윗니만 보이는 사람은 아랫니가 보이는 사람에게 자문하고 행동하는 것이 옳다고 하겠다. 그래서 상응 관계가 되어 군주와 책사 관계가 되는 것이다.

....

즐겁거나 웃을 때 대체로 위아래 모든 이가 보이기 때문에 감정의 큰 변화가 없을 때 입 모양을 관찰해야 한다.

재능은 타고나는 것이다

프리드리히 니체는 사람을 의심하는 것 또한 그 사람이 가진 특정한 천성이라 하였다. 도덕, 종교, 민주주의 등 어떠한 틀의 규정을 따라야 한다는 것을 부정한 사람으로 자신만의 가치를 찾는 것에서 삶의 재미를 느끼고, 그 속에서 개인의 창조와 위대한 작품이 탄생한다고 하였다. 니체는 신은 죽었다고 말한 실존주의 사상가로서 사람은 선한지 악한지는 태어나면서부터 가진 천성적인 성격으로 구분하였다.

공자는 제자를 가르칠 때 제자들의 특성에 맞게 가르침을 주었다.

『자로가 "좋은 말을 들으면 곧 실천해야 합니까?"라고 여쭙자, 공자께서는 "부모 형제가 계시는데 어찌 듣는 대로 곧바로 행하겠느냐?" 하였다.
염유가 "좋은 말을 들으면 곧 실천해야 합니까?"라고 여쭙자, 공자께서 "들으면 곧 실행해야 한다." 하였다.
공서화가 여쭈었다. "자로가 물을 때는 부모 형제가 계시다 하였고, 염유가 여쭈었을 때는 들으면 곧 실천해야 한다고 말씀하셨습니다. 저는 의아하여 여쭙고자 합니다." 공자께서 말씀하셨다. "염유는 소극적이기 때문에 적극적으로 나아가게 한 것이고, 자로는 남을 이기려 하므로 물러서도록 한 것이다."라고 하였다.」

이 외에도 공자는 특출난 제자들의 장단점을 섬세하게 파악하고 때에 맞게 처신하였던 진정한 스승이었으며, 인과 예, 배려와 존중으로 사람을 사랑하고 아끼는 인간의 덕목을 가르치려 하였다.

필자가 바라보는 공자는 통솔력과 설득력, 사람을 보는 통찰력이 누구보다도 뛰어난 재능을 가진 진정한 리더라 본다.

한국 사람들은 타인의 말이나 환경에 지배를 많이 받고 살며, 자신의 장단점과 재능을 외면하고 살아간다.

장단점과 재능 같은 성격은 신체 일부에서부터 나타나게 되는데, 서양 사람들은 눈의 생김새부터가 매우 이성적이고 객관적이며, 자신의 관념이 또렷하지만(그림7 참고), 아시아 중에서도 유독 한국 사람들에게서는 속을 잘 보이지 않는 눈이 많이 발달해 있는 것을 볼 수 있다(그림8 참고). 한국은 사회공동체의 관계주의 문화가 매우 강하게 자리 잡고 있어 이러한 유교적 사고의식 때문인지 타인의 생각을 자기 생각보다 깊이 가지고 있다. 이것은 자기 자신을 버리고 내치는 자신에 대한 배신이다. 한 번뿐인 나의 인생을 내치고 살아서 되겠는가?

사람 보는 법을 모르니 자녀들의 장단점이 뭔지, 어떤 성격을 지녔는지, 그 속은 어떠하며, 본질적인 기질은 어떠한지 등을 모르고 부모들은 고집스럽게 가르치려 한다.

그림을 못 그리는 사람에게 백날 가르치고 알려 주어본들, 또는 운동에 전혀 소질이 없는 아이에게 부모의 욕심에 축구선수나 농구선수가 되라 해본들 부모가 원하는 만큼 성장할 수가 있을까? 분명 아닐 것이다.

그런데 왜 꼭 공부를 가르쳐야만 한다고 생각하고 가기도 싫은 이공계로 진학해야 하는 것일까? 한 예로 독일의 경우 초등학교 4학년부터 자기 적성에 맞게 전문적으로 한 분야에 진로 방향을 정해 나간다. 이처럼 공부, 운동, 미술 등 아이의 기질에 따라 어느 한쪽으로 뛰어남을 보이게 한다. 그러나 대한민국 부모는 장점을 찾으려 하기보다 타인의 시선과 환경에 지배받아 학구에 열을 올린다. 생각해 보라! 유능한 화가는 수학을 잘할 필요가 없고, 뛰어난 운동선수는 악기를 잘 다뤄야 할 이유가 없다.

필자는 초등학교 때 글을 잘 못 읽었으며, 공부에는 관심이 없고, 주의가 산만하여 특수반(학교마다 지능이 떨어지는 아이들이 가는 반)에 두 번이나 불려가 테스트를 받아 볼 정도였다.

그러면서 정신적인 충격은 성인이 되어서까지 바보, 멍청이라 생각하고 살게 만들었지만, 나이 40을 넘어 중년이 되면서 깨달았다.

난 남들과 다른 매우 독특한 재능을 지녔으며, 그 재능이 사람 관찰과 타인의 재능을 읽어내는 것이었다.

필자는 확실하고 분명하게 말할 수 있다. 모든 만물의 영장류는 각자 정해진 특정한 색깔이 있다는 것을! 이것은 주역에서도 말하고 있으며, 동물의 한 일종인 인간도 형체만 보고도 어떠한 성향의 성격을 나타내는지 알 수 있다는 것이다.

우리가 동물을 보면, 사자, 호랑이, 늑대, 사슴 등 이름만 들어도 그 동물의 생김새와 습성, 초식인지 육식인지 바로 알지 않는가? 하물며 반려동물인 개와 고양이만 보더라도 종자에 따라서 생김새, 습성, 똑똑한지 용맹한지, 애교가 많은지 등을 판단한다.

사람도 마찬가지다. 제각기 사람마다 눈의 생김새, 얼굴의 형태, 몸의 체형, 손의 생김새 등에 따라서 한 사람의 고유적인 특성, 생각하는 사고, 둔한지 날렵한지, 예민한지 등 본능적으로 행해지는 모든 것들이 나타나 있다는 사실이다.

사람은 개미나 벌처럼 집단주의 체제를 갖추고 살지 않는가? 모두가 꿀만 채취해 온다고 생각해 보라! 꿀은 아무 의미가 없어지는 것이다.

그렇기에 사람들은 서로의 재능을 찾아 서로의 장점을 뽐낼 때 조화롭고 순조로우며 평화와 함께 사업가, 화가, 운동선수, 아티스트, 세일즈맨 등의 모든 직업에서 그들의 재능을 발휘할 것이며, 비슷한 성향을 지닌 사람은 그를 따라 배울 것이다. 진정한 자신의 장점을 찾고 단점을 보완해 가며 막무가내로 살아가던 나의 삶을 하고 싶은 일을 하고 즐거움과 행복이 있는 진보한 삶으로 거듭나 보자.

공자는 현실적, 노자는 이상적

공자와 노자에 관심을 가져 본 사람이라면 서로의 사상이 매우 다르다는 것을 알 수 있다. 노자는 물 흐르듯 자연적인 본성의 도를 따르라는 '무위사상'을 제시했는데, 인간의 삶은 인위적으로 규제와 규범을 만들어 사회제도라는 틀 안에 가두어 사람들의 본질을 흐리게 한다.

노자가 말한 '도(道)'는 깨달음과 덕을 뜻하는 게 아닌 인간의 근본 본성을 뜻하는 말로써, 사람은 자연의 순리대로 살아야 한다는 뜻이다.

필자는 노자의 사상이 비현실적이라 생각하는데, 인간에게는 욕망이라는 정신세계가 있기 때문이다. 본디 욕망은 잠재울 수 없고 버릴 수가 없으므로 평생을 절제하며 살아야 하는 것이고, 욕망이 있기에 성공도 하고 좌절도 하며 그럼으로써 실패와 도전의 연속이 되는 것, 즉 야망과 희망 실패, 좌절, 성공의 맛을 보며 즐거움과 행복, 불행의 연속이 되는게 인간의 본질적인 성격이다.

노자의 말대로 무위로 돌아가 있는 그대로 산다는 것은 정말 좋은 뜻이고 당연한 말이다. 그런데 무위를 주장하던 노자 자신도 그렇게 살지 못하고 주나라가 쇠약해지자 답답한 마음을 뒤로한 채 속세에서 벗어나 잠적해 버렸다.

만약 노자와 같은 사상을 지닌 사람만 있었다면 어떠했을까? 주체자는 누구이고 수행자는 누구일 것이며, 누가 임금이고, 누가 신하이며, 누가 백성이겠는가? 즉, 욕망이 강한 사람은 경쟁심이나 투쟁심과 같은 소유욕이 강하기 때문에 명예와 권위를 가지려 안간힘을 쓴다.

이것이 인간의 본질이자 본성인데, 도대체 어떤 본질로 돌아가라는 것인가? 모두가 노자처럼 유하고 물 흐르듯 조용한 사람이 될 수가 없으며, 무위자연으로 돌아가는 그것이 인간의 본질을 흐리게 하는 것이다.

인간의 뇌는 짐승보다 전두엽 발달이 매우 우수한데, 전두엽은 뇌의 40% 이상을 차지하고 추리나 감정조절, 문제해결 능력, 기억력 등을 관장하는 곳이다. 그렇기에 인간의 본질은 진보된 삶을 살아가기 위해 욕망을 갈구하며 살 수밖에 없는 동물이다.

노자는 천성이 차분하고 조용한 성격으로 혼자 있길 좋아하고 사유하기를 좋아했던 사람이 아닐까 싶은데, 현대의 형태로 보자면 이러한 사람은 학자나 연구원, 교수 등 무언가 분석하고 그것을 제시하는 사람이었지 않나 싶다.

이러한 성격의 소유자는 사람을 이끄는 힘이 없고 리더의 조건에 부합하지 않는다.

공자의 사상은 어떠할까? 공자의 사상도 노자와 마찬가지로 이상적인 세상을 꿈꾸었지만, 공자는 사람의 성격과 습성, 장단점을 깊이 통찰하여 그에 맞는 가르침을 주었으며, 옳고 그름을 분명히 말하는 현명함과 매우 어진 지도자였다는 것을 알 수 있다.

『공자께서 말씀하였다. "안회는 거의 도를 터득했지만 자주 쌀통이 빌 정도로 가난하였고, 자공은 운명을 그대로 받아들이지 않고 재산을 늘렸는데, 그의 예측대로 자주 들어맞았다."라고 하였다.』

공자가 제자들에게 말한 것을 통해 그의 성격과 감정을 알아차릴 수 있는데 그는 장단점을 분명히 파악하고 가르치려 했던 반면에 배우기도 하였다.

두 제자는 공자의 제자 중 가장 뛰어난 사람들이었으며, 안회로부터는 공자 자신을 돌아보게 하는 원동력이 되었으며, 자공은 세상 이치에 밝은 게 큰 장점으로 그를 인정해주며 물질적인 도움을 받고 살았다. 공자는 이러한 장점을 추켜 주면서도 꼭 인간으로서 지녀야 하는 것이 인이라 강조하였는데, 인이란 소인과 대인을 막론하고 모두가 지녀야 하는 덕목이다. 이처럼 공자의 처세술은 아무나 가질 수 없는 리더로서의 매우 강력한 장점과 재능을 지녔다.

노자의 사고를 따라 배우고 익히는 것이 친숙하고 편하고 좋다는 사람이 있는가 하면, 공자의 사고방식이 더 친숙하고 편하게 생각하는 사람이 있을 것이다. 그것이 곧 그 사람과 맞는 성격이고 색깔이다.

삶을 비판 또는 절제하려 노력하고, 때로는 신경질도 내며, 타인의 장점을 인정해 주면서 단점은 지적하고 보완해 주었던 공자의 사상이 지극히 현실주의적이란 생각이 들고 필자의 성격에 잘 맞는 '롤 모델'이라 판단하고 따른다.

누군가를 막무가내로 따라 하고 배우려 하기보다는 롤 모델로 삼는 스승이 자신의 본질적 성격과 맞는지를 먼저 들여다보고 따라 배워 보는 것이 실패가 적고 좌절을 최소화할 수 있다. 인정받고 성공한 삶을 살고 싶다면, '내가 과연 누구를 스승으로 삼아야 할까?' 하고 마음속 깊이 생각해 볼 만한 가치가 충분하다고 하겠다.

3. 얼굴의 옆모습

옆모습의 곡선에 따라 타고난 성격을 알 수가 있는데, 각이 지면 의지력, 투쟁심, 경쟁심, 자기만의 자아가 깊고, 반대로 곡선형으로 부드러우면 부드러울수록 온화하고 순응적이며 자신의 주장을 잘 표현하지 않는다.

옆모습의 모양에 따라 어떠한 성격을 나타내는지 살펴보도록 하자.

그림 30

그림 30 과 같이 이마부터 턱까지 각진 모습은 남자의 전유물과 같은 상이다. 각진 상을 지니고 있으면 용맹스럽고 냉철하며 주관이 또렷하고, 코의 높낮이에 따라 고집과 자존심을 나타내는데, 콧대가 높으면 높을수록 지고 못 사는 성격이다. 눈꼬리가 치켜져 올라가 있다면 사납기까지 한 저돌적인 사람일 가능성이 크다. 이렇게 각진 형의 옆모습은 무리의 리더들에게서 많이 찾아볼 수 있다.

각진 옆모습을 가진 여자는 강한 활동성을 지닌 사람이 많은데, 그중에서도 운동선수에게서 흔히 찾아볼 수가 있다.

대부분의 유럽 여자가 대체로 각진 옆모습을 하고 있는데, 이는 어려서부터 교육방식이나 자립심을 심어주는 성장방식 때문이 아닐까 생각해 본다.

그림 ㅋ1

그림 ㅋ1 처럼 얼굴의 옆모습이 이마부터 턱까지 매끄러운 곡선은 여자의 전유물과도 같고, 환경에의 적응력이나 자신의 주장보다는 타인의 의견을 더 강하게 수용하고 따른다.

보통 영유아가 가지고 있는 코로, 밝고 활기차며 환경에의 호기심이 많고, 관계가 친화적이며 잘 따른다. 우리나라 30대 이상의 여성들에게서 많이 찾아볼 수 있다.

요즘 여성은 코를 성형하여 날카롭고 높게 만들고 있지만, 이렇게 하면 중장년층의 여성은 선천적으로 자신이 가진 장점을 버리게 되는 꼴이 된다. 필자의 소견으로는 좋지 않다고 말하고 싶다, 자신의 천성과 본질이 바뀐다면 말이 달라지겠지만 타고난 천성이 쉽게 바뀌겠는가? 곡선은 음을 상징하는데 음의 기운이 주장을 강하게 내세우면 팔자가 사나워진다.

반대로 요즘의 10대, 20대는 선천적으로 서양 여성들처럼 오똑하고 날카로워 보이는 모습을 많이 하고 있는데, 이는 자신의 꿈과 주관이 뚜렷하고 점점 유교 사상이 많이 사라지고 있는 것에서 나타나는 현상으로 보인다.

옆모습이 곡선을 하고 눈꼬리가 치켜 올라가 있으면 현명한 사람이거나 이치를 잘 따라 행동하는 조강지처일 것이다.

서양 사람들은 애니메이션 또는 동양 여자를 그릴 때 콧대는 낮고 눈꼬리는 치켜 올라간 모습으로 묘사하는데, 이는 자기주장이 강하고 자유로운 서양 여성과는 달리 동양 여성의 순종·유연·상냥함 등 부드러우면서도 강인해 보이는 이상형을 그리는 건 아닐까 생각해 본다.

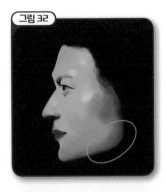

그림32 와 같이 턱의 모양새가 넓고 큼직하며 탄탄해 보이면 우두머리 기질이 강하며, 의지력, 추진력, 근력, 근성은 강하지만, 단점이 있다면 자기만의 방식을 추구하거나 의견이 맞지 않으면 무시하는 경향과 저돌적인 면을 많이 갖는데, **그림30** 의 기질을 한 층 더한다.

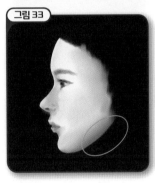

그림33 과 같이 턱이 날렵해 보이면 재능이 많고 민첩하다. 환경에 순응적이고 협조적이며 개성이 강하고 손재주 또는 감각이 뛰어나다. 운동선수로는 지구력이 강하지 못해 단거리 육상과 같은 순발력과 민첩함이 있어야 하는 선수들에게서 많이 볼 수 있고, 단점으로는 끈기가 약해 무엇을 하더라도 빨리 질리거나 지치는 경향이 강하다.

반면에 자기 개성을 잘 드러내지 못하며 주관이 뚜렷하지 않거나 감정표현을 잘못하는 우유부단한 사람들도 있다.

그림33 처럼 턱의 선이 날렵한 모습은 일본 사람들에게서 많이 볼 수 있는데, 일본 사람들은 환경에 순응적이며 협조적이지만 자기들만의 개성이 매우

강하게 드러난다.

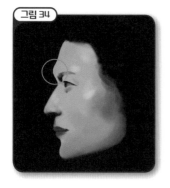

그림 34 와 같이 눈썹의 뼈가 툭 불거져 발달해 있다면 의지력이나 경쟁심, 투쟁심 등이 한층 더 강해지며, 성취 욕구가 강하다. 뼈의 발달이 강하면 강할수록 싸움닭처럼 싸우려 들거나 따지기를 좋아하는데, **그림 30, 32** 를 같이 지니면 대장부다. 활동성이 커서 타인들의 시선에는 강인한 사람 또는 사나운 사람으로 보일 수가 있다는 것을 늘 조심해야 한다. 눈썹 뼈가 강하게 발달한 사람들은 이마가 훤히 보이도록 올리는 머리 스타일이라야 잘 어울리고 선해 보이며 시원시원한 이미지를 주는 반면, 머리카락으로 이마를 가린 머리를 하면 속에 감추는 것이 많고, 음탕하거나 음산한 기운을 많이 나타낸다.

그림 35 처럼 눈썹 뼈가 굴곡 없이 평평한 모습을 하고 있으면 자기 주관이 약하고 공감대가 잘 형성되어 부드러운 성격을 보인다. **그림 31, 33** 을 같이 지녔다면 친화성이 뛰어나다. 단점이라면 상황에 맞춰 행동하는 경향이 강해 가벼워 보일 수 있다는 것이다. 눈썹 뼈가 완만한 곡선으로 발달한 사람은 내린 머리를 하고 있어도 차분하고 겸손해 보인다. 눈썹 뼈가 평평하지 않고 꺼져 있는 사람은 되는 대로 살아가는 사람이 많고 미래보다 현재다.

4. 귀의 모양

《삼국지》의 여포가 조조에게 목숨을 구걸하고 있었다. 옆에 있던 유비가 정원과 동탁의 일을 이야기하며 처형을 청하였는데, 여포가 죽으며 "저 귀 큰놈이 제일 믿지 못할 놈이로구나!" 하고 소리치며 처형당했다.

여포의 말대로 귀가 크면 간사하고 간신 같은 사람이 될 수 있겠지만, 조조는 유비의 귀가 큰 것을 질투하였다. 과연 무엇을 말하고자 하는 것일까?

귀에 대한 잘못된 정보 중 대표적인 것으로 "귀가 크면 좋다, 작으면 안 좋다."라고 말이 많지 않은가? 하지만 귀가 크면 온화하고 부드러우며 남의 이야기를 잘 들어주는 등 주관이 약한 사람이다. 반대로 귀가 작은 사람은 집중력과 재주가 있는 사람이 많고 활동성이 강한 경우가 많다.

귀는 눈을 보는 것만큼 중요한데, 눈으로 세상을 본다면 귀는 세상의 소리를 듣고, 보고 들은 걸 입에서 말로 표현하게 된다. 이 세 가지가 조화를 이룬다면 매우 현명하고 지혜로운 사람이겠지만 3박자가 온전하게 맞는 경우는 보기가 극히 힘들다.

귀는 밝은색을 띠는 것이 좋은데, 얼굴색보다도 더 밝은색을 띠는 사람이 있다. 이러한 사람은 사고가 유연하며 경쟁이나 투쟁심 또는 불안정함을 매우 싫어하는 사람이 많은데, 보통 여자들의 귀가 그러하다.

귀가 붉은빛을 띤 사람은 화가 많은 사람이며, 검붉은 빛을 띤 사람은 고집이세다. 대다수 남자의 귀는 굵고 탄탄해 보이며 붉거나 검붉은 색을 가지고 있다. 정면에서 보았을 때 앞을 보는 귀는 처세술이 능하고 현명한 사람이며, 귀가 보이지 않을 정도로 붙은 귀는 판단력이 뛰어나고 총명한 사람이다.

귀는 보통 짝짝이인 경우가 많은데, 사람들은 양면성을 지니고 있기 때문일 것이다. 예를 들면 한쪽 귀는 기준선 위로 발달하고 또 다른 한쪽 귀는 기준선 아래에 발달하면 침착하고 조용한 사람처럼 보일지 몰라도 공격적인 기질을 많이 지닌 사람이다(그림 36, 37) 아래 두 사진의 기준점을 참고하자.

만약 양쪽 귀가 데칼코마니로 찍어 놓은 것 같고 반듯한 모습이라면 매우 귀한 사람이다.

귀의 생김새는 아주 미세하고 조그만 차이에서도 전혀 다른 사람으로 보일수 있어 눈만큼 판단하기 어렵기다. 하여 독자 여러분께 간단하고 이해하기 쉽도록 큰 틀에서의 귀만 알아 두는 것이 현혹됨이 없을 것이다.

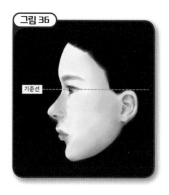

그림 36 처럼 눈꼬리 기준선 아래에서 발달한 귀는 대체로 조용하고 침착하며 부드러운 성격을 보이지만 짜증과 신경질을 잘 부린다.

그림 37 과 같이 귀가 눈꼬리의 기준보다 위로 발달한 사람은 투쟁심과 도전정신이 강하

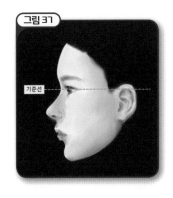

고 활동성과 실행력이 강화된 사람이라 할 수 있는데, 귀의 위쪽 끝이 뾰족해 보이기까지 하면 활동성과 성취 욕구가 한층 더 강해지며 매섭고 날카롭거나 공격적인 성향을 많이 지니게 된다.

기준보다 위냐 아래냐를 굳이 따진다면 위로의 발달은 사나운 리더 형이고, 아래로의 발달은 부드러운 리더 형이라 말할 수 있다.

모양새와는 상관없이 귀의 테두리가 원만하고 굴곡이 없으면 사고가 유연하고 지혜로운 사람이 많고, 굴곡이 심하고 못생긴 듯 보이는 귀는 자기 주관이 또렷하고 호기심이 많으며 싫증을 잘 느끼는 등 인생에 파란이 많은 경우가 많다.

그림38 과 같이 귀의 테두리 안쪽에 뼈처럼 불거져 나온 것을 이곽이라 하는데, 이곳이 발달되지 않고 밋밋한 사람은 개성이 약하고 자신의 주장을 강하게 말하지 못하는 사람이 많다.

이러한 사람은 보통 직업도 공무원, 회계사, 세무사 등 비교적 차분하게 주어진 임무에 충실한 사람이 많으며, 직장 생활에 있어 상관에게는 순종적이고, 안정적, 성실함, 침착함 등 차분한 성격을 가진 사람이 많다.

그림39 처럼 이곽이 불거져 발달하여 있는 사람은 개성이 강하고 활동성이 강한 사람으로 볼 수 있는데, 이곳이 심하게 발달하여 귀의 테두리 밖까지 나온 경우는 활동성, 개성, 고집, 지기 싫어함 등 자기만의 색깔이 더욱 강해져 운동, 음악, 미술, 예능 등의 자기만의 개성을 뽐내는 직업에 종사하는 사람이 많아 연예인들에게서 흔히 찾아볼 수 있다. 또한 감정을 잘 감추지 못한다.

이곽의 발달이 약한 사람은 주위 환경과 가정에 휘둘리는 경우가 많아 어려움을 겪거나, 반대로 현명한 사람으로 삶이 윤택할 것이다. 특히 강하게 발달한 사람은 자기 주관이 뚜렷하고 주도적인 성향이 강해 사회나 가정에서 미움을 받는 경우가 많지만, 만약 이곽이 강하게 발달한 사람이 자기관리가 잘 되는 사람이라면 승승장구하는 사람이 많다. 그렇지만 꼭 알아야 할 점은 모든 만물은 과유불급이므로 적당한 것이 가장 이상적이다.

그림40 과 같이 귓불(수주)이 살과 바짝 붙어 날카롭게 보이면 이성적인 사람으로 감정보다는 공과 사를 먼저 구분하려는 성향이 크고 매정한 사람이다. 배우고 지식을 습득하는 데 탁월하고 자신의 실속을 잘 챙기는 실속형이라 할 수 있다. 이런 귀는 타인의 감정을 사는 동정심 유발자가 될 수 없으며, 동정을 산다면 분명 머지않아 좋지 않은 결과가 표면으로 나타난다. 배우 조재현, 가수 김호중

의 귀가 이러하다.

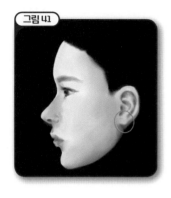

그림41 과 같이 귓불(수주)이 둥글게 발달하면 감정적인 사고가 발달하여 즉흥적인 사고가 강하다.

귓불이 늘어지게 발달하여 넓고 커 보이는 사람이라면 우유부단하게 보일 수 있으며 느긋한 성격을 보일 수도 있지만, 대체로 자기성찰이 뛰어난 사람이 많다. 귓불이 네모지게 보이면 비즈니스 서비스 등 사람 상대하는 데도 우수하다.

옛 동양 철학자들의 그림을 살펴보면 귀나 귓불이 큰 것을 확인할 수 있는데 공자, 노자, 석가모니, 달마, 장자 등이 있다. 이들은 느긋하고 부드럽게 사람을 대하고 타인의 감정을 중시하며 세상의 이치를 받아들이려 했던 사람들이지만, 그와 반대로 귓불이 크지 않은 맹자, 한비자의 경우 감정보다는 이성을 추구한 사람들이었다. 그렇다면 서양은 어떨까? 헤겔, 플라톤, 니체, 발타자르 그라시안 등은 귓불이 작은 것을 알 수 있으며 귀도 그리 크지 않거나 작다. 니체의 경우는 아주 작은데, 이들은 타인보다 자신을 먼저 돌아보게 하는 통찰과 비수 같은 직언을 하였으며, 철학자 쇼펜하우어 같은 경우는 귀가 큰 편이지만 귓불은 없다. 쇼펜하우어는 염세적인 철학자로 한 인간의 본질을 적나라하게 꼬집는 철학자였다.

과거 철학자들의 귀 크기부터 귓불의 모양, 테두리, 귀의 뼈까지 보고 한 사람의 사고방식과 세상을 바라보고 듣는 소리가 다르다는 것을 증명하고 있다.

5. 코

눈, 귀, 입은 하나만 잘생겨도 성공하는 사람이 있을지 몰라도 코만 잘생겼다고 성공하는 사람은 없을 것이다.

필자는 면상을 공부하고 관찰해 오면서 가장 의문이 드는 것 중 하나가 코라고 생각한다. 길을 가다 노숙자를 종종 보지 않는가? 이들의 코를 보면 당황스러울 정도로 잘생긴 코를 가진 사람이 많다는 것이다.

왜 코가 저렇게 잘생긴 노숙자인데, '어떤 사고를 지녔기에 인생을 손 놔 버린 사람처럼 살까?' 물론 사정은 있을 것인데, 핑계 없는 무덤 없지 않던가?

필자가 관찰한 결과 코는 재물, 부자, 성공이란 것과는 전혀 상관이 없다는 것이며, 코의 크기와 코의 볼 크기에 따라 남성과 여성의 성기, 가슴 이러한 것과도 아무런 상관이 없다는 것을 알아차렸다.

그래도 굳이 이상적으로 좋은 코를 말하자면 홍콩의 영화배우 성룡의 코가 아닐까 싶다, 하지만 성룡의 코와 비슷하게 잘생긴 코를 가졌는데도 불구하고 노숙자이거나 노년이 되어서도 변변치 못한 사람들이 부지기수로 많다는 것을 명심하길 바란다.

코는 '2부 3. 얼굴의 옆모습' 편을 참고하여 곡선인지 직선인지를 접목해 보는 것이 유용하다.

코의 상이 얼굴의 오관(눈, 코, 입, 귀, 눈썹) 중 독보적으로 큰 느낌을 주면 자존심, 자부심, 고집이 세고, 작아 보이면 마음과 물질적 씀씀이가 헤프고 옹졸한 경우가 많다.

코는 폐와 연결되며 호흡기가 좋으면 폐활량이 좋다. 폐활량이 좋으면 지구력과 끈기, 신체 리듬이 좋은 사람이라 할 수 있는데, 이러한 사람들은 얼굴의 코가 길어 보이고 코 평수도 넓어 보이는 것이 특징이며, 콧마루도 널찍하게 반질반질하다. 이러한 코가 오똑하면서 꺾임이 없이 직선이라면 뼈의 건강과 신체조건 또한 우수하고 정체성이나 의지력 등 올곧은 사람이라고 할 수 있다.

코가 잘생긴 사람이 어렵게 사는 것을 보면 이것이 화를 부르는 것 같은데, 자존심과 자아정체성이 너무 강하여 인생에 풍파가 닥치면 스스로 자멸하고 마는 것이 아닐까 한다. 즉, 과유불급으로 자존심이 너무 강하다 보니 오만함으로 탈이 난다는 것이다.

코가 얼굴의 이목구비 비율에 비해 작으면 지구력이 약하고 끈기가 없다. 콧마루도 날카로워 보이며 코 평수도 좁으면 환경에 민감하고 민첩하게 반응하며 날렵하다. 보통은 재능과 끼가 많지만, 진득한 맛이 없고 싫증도 잘 내기 때문에 삶의 변화가 많다. 이러한 사람들은 환경에 민첩하게 반응하고 행동하기 때문에 야비하거나 비겁하다는 소리를 많이 듣는다.

그림 42 와 같이 코의 길고 짧음에 상관없이 콧날 뼈가 미약하게 발달해 있을 때는 정이 많고 감수성이 풍부하며, 타인과의 공감 능력이 우수한 사람이지

그림 42

만 감정적으로 행동하는 경우가 많다.

코의 뼈가 구부러짐이 크고, 크기가 얼굴에 비해 큰 느낌을 줄 때 매부리코라고 하는데, 이러한 코는 물질에 대한 직감력과 혜안이 밝아 돈 버는 능력이 탁월한데 유대인의 코가 이러하다.

콧마루가 구불거리거나 꺾이면 허리가 안 좋다는 정보가 많은데, 이에 대한 정보는 반신 반의적이고, 직선의 오똑한 코나 곡선의 코를 가졌는데 척추협착증, 측만증, 디스크 등을 많이 앓고 있으며, 그림 42 처럼 발달했는데도 불구하고 허리뿐 아니라 전체적인 뼈가 건강한 사람도 많다.

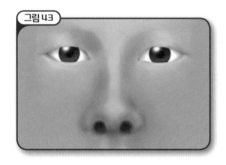
그림 43

그림 43 과 같이 정면에서 보았을 때 콧구멍이 보이는 사람은 개방적이고 낙천적인 사람이 많다. 이러한 상은 돈이 안 모이고 샌다고들 하는데 금전과는 전혀 상관이 없으며 노년이 박하다는 말 또한 근거 없는 말이 아닌가 싶다.

나이가 지긋한 사람들을 관찰한 결과 콧구멍이 훤히 보여도 주위에 사람이 끊이지 않고 여유롭게 사는 사람들이 많았다. 지인 중에 65세를 넘기면서 일이 더 잘 풀리는 분이 계셨는데, 콧구멍이 훤히 들여다보이는 들창코로 생겼음에도 음식을 나눠주는 등의 봉사활동이나 마음 씀씀이는 아무도 따라갈 수가 없었으며, 돈을 쓰는 것에는 야박해 보일 때도 있었다. 따라서 필자의 소견으로는 물질과 감정 면에서 모두 씀씀이가 헤퍼서 나온 말이 아닌가 본다.

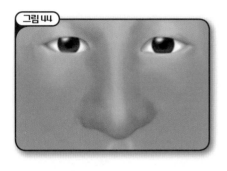
그림 44

그림 44 처럼 정면에서 보았을 때 콧구멍이 완전히 보이지 않는 사람은 옹졸하거나 마음 씀씀이가 야박하고 비밀이 많으며 깐깐한 경우가 많지만, 모든 일에 조심성이 있고 무모함이 적으며 완벽주의적인 성향이 강하다.

콧구멍이 훤히 보이는 사람은 개방적으로 비밀이 적고, 콧구멍이 보이지 않는 사람은 비밀이 많다.

코끝 부분이 아래까지 처져 있으면 물질뿐 아니라 인간관계까지 이해득실이 개입되지 않으면 마음을 안 쓰는 사람이다.

....

코를 봄에 있어 복 있는 코인지 빈천한 코인지는 묻지도 따지지도 않는 것이 현명하다고 생각한다.

픽업 아티스트의 말에 현혹되지 마라

필자는 나름 직업에 대한 수용성이 크고 호기심이 많다고 생각한다. 그렇다 보니 이것저것 궁금하고 새로운 것이 있으면 호기심이 발동하여 알아보고 해보지 않고서는 못 배기는 성격이다.

KT의 '아이프렌드'와 네이버의 '제페토'가 있는데, 메타버스의 세상이다.

필자는 그곳에 접속하여 아기자기한 캐릭터를 만들고 어린아이들과 눈높이에 맞춰 반말하며 어울리기 위해 나름 노력을 하고 있다. 메타버스 세계에서 존댓말을 하면 나이가 든 사람이고, 반말하면 어린아이라는 것을 바로 알아차릴 수 있다. 아이들에게 접근할 때 존대하게 되면 바로 그 무리에서 추방 또는 왕따당하는 경우까지도 있다.

아이프렌드는 나이가 있는 사람이 많고, 제페토는 어른들에게 돈벌이 수단으로 하는 것이 아니라면 거의 모두가 아이들이다.

주위 사람들에게 이러한 것을 보여 주면 애들이나 하는 것을 왜 하느냐고 의문을 많이 사지만, 이것은 필자의 적성에 맞는 미래 직업을 찾기 위한 하나의 수단이며 배움이다. 이외에도 수많은 직업을 찾아 헤매고 호기심을 갖고 알아가고 있지만, 유독 거부감이 드는 직업이 하나 있는데 픽업 아티스트란 직업이다.

픽업 아티스트란?

성교할 상대, 특히 여성을 찾고 그 상대의 관심을 끌고 유혹하는 것을 직업으로 삼는다고 주장하는 사람들을 말한다.

정말 이해할 수가 없는 직업이 아닐 수가 없다.

픽업 아티스트란 직업은 예나 지금이나 우리나라에서는 인정하지 않는 직업 중 하나인데 요즘 젊은이들 사이에서 흥행하고 있으며, 당당한 직업으로 자리매김하려 하고 흥행하는 유튜버도 있다는 것이 안타깝다.

픽업 아티스트들은 일반인들이 알아듣지도 못하는 약어들을 만들어 내며 사람들을 현혹한다.

IOI : (순응) 여성의 관심 신호

IOD : (거절) 여성의 부정 신호

이러한 논리로 여성에게 접근하여 그 반응에 맞춰 상호작용을 해야 한다는 것인데, 여기까지는 좋다. 하지만 그것이 목적성에서 완전히 변질이 되어 나타나는데, 그들은 단지 성관계와 물질적인 관계를 목적으로 두고 있다는 사실이다. 한 여성이 남성이 접근해 올 때 이러한 사실을 알아차린다면 과연 어떨까? 굉장히 혐오스럽고 불쾌할 것이다.

픽업 아티스트들은 유혹의 기술, 유혹의 기초, 연애 공략집 등을 만들어 사람의 심리를 가지고 이성에게 장난치는 말과 행동들을 스스럼없이 한다.

자칭 픽업 아티스트라는 사람들이 어른이 되어 그들이 부양한 자식들이 자신과 같은 직업을 가진 연애 상대를 만난다면 어떠할까? 화가 치밀고 만나지 못하게 할 게 분명하다. 그것은 젊은 혈기에 자신을 자랑하는 아이들의 불장난과 같은 것이다.

진정으로 웃어른을 만나거나 장인과 장모뿐만 아니라 당당하게 서야 하는 자리에서 자신의 직업을 분명하게 밝힐 자신이 있겠는가? 분명 말할 수가 없을 것인데, 그 이유는 픽업 아티스트는 사기꾼이자 여자를 꼬이는 헌팅꾼이기 때문이다.

왜 좋은 재능을 이상한 곳에 허비하는지 정말 안타깝다. 픽업 아티스트의 말장난에 넘어가 몇백만 원씩 줘가며 교습받고 사기당하는 사람들이 많은데, 이러한 행동은 배운다고 되는 게 아니란 것을 꼭 알려주고 싶다. 필자가 보는 픽업 아티스트들의 특징을 몇 가지 설명하려 한다.

(1) 이목구비가 뚜렷하다.
이목구비가 뚜렷한 사람들은 자기 주관과 목표의식이 뚜렷한 경우가 많기에 정직과 신뢰, 즉 믿음을 준다는 장점을 가지고 있다.

(2) 콧대가 높고 반듯하며 굴곡이 없고 콧등도 넓은 경우가 많다.
콧대가 높은 사람은 자존감이 높고 의지력이 강하며, 콧등이 넓은 것은 테스토스테론(남성 호르몬)이 왕성한 건강미를 나타내기 때문에 이성의 주의를 많이 끈다.

(3) 입의 윤곽이 뚜렷하고 도드라져 보이며 밝은 빛을 띤다(여성의 밝은 입술은 제외한다). 이런 뚜렷한 입술은 선천적으로 말을 잘하고 논리정연한 사람이다. 남자들의 입술은 보통 검붉은 빛이나 둔탁한 색을 많이 띠고 있는데 붉은 담홍색이나 밝은 입술의 색을 하고 있으면 말에 생기를 불어넣게 된다.

앞의 세 가지만 잘 관찰하면 되는데, 이 세 가지를 조합하면 정말 잘생긴 남자가 아닐까? 그렇다. 사리 분별이 매우 분명한 사람일 것이다. 하지만 세 가지를 모두 부합하는 사람은 이성에게 그런 식으로 접근하지 않는다는 것을 주목해야 한다. 자존심과 자존감이 높고 건전한 사고를 지닌 사람인 경우가 많기에 쉽게 이성에게 접근하지 않을뿐더러 오랜 시간 겪어보고 느릿느릿 다가서는 조심스러운 사람들이다. 여성들은 이 세 가지를 분명히 알아 둔다면 후환이 없을 것이다.

참고로 픽업 아티스트들은 선천적으로 말재주가 타고났으며, 환경의 변화나 사람의 심리를 읽어내는 데 능통한 사람들이므로 그에 넘어가지 않도록 조심해야 할 것이며, 몇백만 원을 수강료로 줘가면서 학원 다니는 것은 옳지 않다. 뿐만 아니라 이런 직업은 사회에서 배제와 재제가 필요하다.

6. 눈썹

눈썹으로 한 사람의 성품이나 인격을 알 수 있는데, 여러 관상책 내용 중에서 일치하는 부분이 많은 곳이 눈썹이기도 하다.

그런데 아이러니하게도 눈썹의 모양새가 너무도 많고 이 모양인지 저 모양인지 알아차리기가 힘들 정도로 많이 세분되었는데, '마의상법'에서는 24개의 눈썹으로 나눠놓았으며, 동양은 거의 모든 관상법이 마의상법에서 파생되었다.

성형수술이 관상에 좋다, 나쁘다 말들이 많지만, 절대 성형을 하지 말아야 할 것은 주름살이며, 나머지는 각자 자신의 소신에 맡기겠다.

하지만 눈썹만큼은 미관상 엄청난 영향력을 미치기 때문에 눈썹이 불균형적이고 마음에 들지 않는다면 수술이 아닌 눈썹 문신을 하라고 추천해 드린다. 하지만 눈썹은 고쳐 써도 마음은 고쳐 쓰지 못함을 명심해야 한다.

사람은 누구나 자신이 가진 지식을 다른 사람들과 나누고 공감하며 즐기는 것이기에, 필자가 연마하고 갈고 닦아온 눈썹에 관련된 관상법을 초학자들도 쉽고 간단하게 이해할 수 있도록 몇 가지 기본사항을 제시하고자 한다.

눈썹의 기본 읽기

1) 눈썹의 옅기

2) 눈썹의 길이

3) 눈썹의 굵기

4) 눈썹의 직선, 곡선

네 가지로 나눠 1번부터 살펴보도록 하자.

1) 눈썹의 옅기

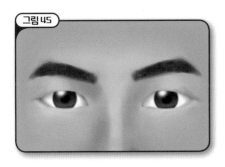

그림45 처럼 눈썹이 진한 사람은 활동성이 강하고 의지력이 뛰어나며 진득한 맛이 있는 사람이다. 그렇지만 물질적인 면에 집착이 강하고 삶에 여유를 즐기지 못하는 경우가 많으며, 계속해서 무언가 하려 드는 존재이다. 융통성이 부족하고 고리타분하며 완고한 성격의 강직한 사람이 많다.

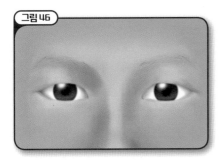

그림46 과 같이 눈썹이 옅고 속살까지 훤히 들여다보이는 사람은 적극적인 활동보다는 생각이 많고 정신적인 사고가 발달한 사람이다.

연구하고 개발하는 등 지식욕이 강한 사람이지만 대인관계에는 다소 어려움이 있을 수가 있다. 옅은 눈썹을 가진 사람은 무리에서도 리더나 우두머리

역할에 어려움이 있고 타인에게 강한 인상을 주지 못한다.

....

눈썹 문신을 하더라도 자신의 이미지 관리나 미관상의 좋고 나쁨에 영향을 줄 뿐이며 내면의 본질적인 성격을 바꾸어 주지 못한다는 것을 명심해야 한다.

ㄹ) 눈썹의 길이

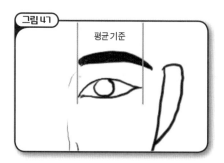

그림47

평균기준

그림47 을 참고하여 보면 눈썹의 길이는 눈의 가로 길이와 비슷한 것이 평균이다. 눈썹이 긴 사람은 느긋하고 차분하며 뜻이 깊고 세심한 사람이 많다.

• 긴 눈썹에 그림45 와 같이 짙은 눈썹을 하고 있으면, 이상이 높고 물질 욕구가 강한 현실적인 사람으로 실행력이 강하고 의지력과 끈기가 좋아 원하는 목표를 달성하고야 마는 사람이지만, 단점으로는 완고하고 융통성이 없으며 고리타분한 사람이다.

• 긴 눈썹에 그림46 과 같은 엷은 눈썹을 지니고 있으면 현명하고 환경에 조화를 이루는 융통성과 처세술이 능하며 인자한 사람이 많다. 털이 한 방향으로 가지런해야 하고 눈썹의 모가 얇고 부드러워야 한다. 굵으면서 뻣뻣하고 어수선하면 온전한 사고를 지닌 사람이 아니다.

• 눈보다 눈썹이 짧은 사람은 성급하고 시야가 좁다.
   건강과 지구력이 떨어져 한 가지를 진득하게 하지 못하는 성격으로 싫증도
   빨리 느낀다.

• 눈썹이 짧고 짙은 사람은 한 가지 일에 집착을 잘하고 집요하며, 집중력과 실
   행력이 강하다. 하지만 지구력이 떨어져 오래 가질 못하고 흐지부지되는 경
   우가 많다.

• 짧고 옅은 눈썹을 가진 사람은 고집이 세고 주관적이며 지식욕이 많은데, 이
   러한 눈썹은 연구개발 또는 탐구심이 강한 사람들에게서 많이 볼 수 있다.
   눈썹이 짧은 사람들은 대체로 혼자서 하는 일이 어울린다.

3) 눈썹의 굵기

   눈썹이 굵은 사람은 실천력과 의지력 등 적극적인 행동을 한층 더 부각되는
사람이다.

• 눈썹이 굵고 진하거나 길면 불굴의 의지력을 보이고 강단이 있으며 완고하
   다. 물질적인 욕심이 강하기에 목표달성을 위해 끊임없이 전진하고 노력하
   는 스타일이지만 남의 말을 귀담아듣는 경우가 적고 의심이 많은 사람이다.

• 눈썹이 굵고 진하거나 짧은 사람은 저돌적이고 투쟁심이 강한 행동파이다.
   물질적인 욕심이 많고 질투심이 강하며 집착과 집요함, 소유욕이 강하다 보
   니 타인에게 폐를 끼치는 경우가 많다. 눈썹이 진한 사람들은 이러한 단점을

조심하고 보완해야 한다는 것을 꼭 명심하고 조심해야 할 부분이다.

....

눈썹이 얇은 사람은 섬세함, 차분함, 조심성, 소극적인 성향을 지니고 있는데, 보통 여자들에게서 많이 볼 수 있는 눈썹이다.

ㄴ) 눈썹이 직선, 곡선

그림48과 같이 눈썹이 직선이라면 마음이 강직함을 뜻한다.

자기 생각을 잘 굽히지 않고 결단력과 판단력이 뛰어나다. 2000년의 밀레니엄으로 접어들면서 눈썹 문신을 할 때 거의 모두가 직선으로 하는데, 요즘 MZ세대인 10대, 20대를 보면 문신을 하지 않아도 선천적으로 직선인 경우가 많으며 독특한 자기만의 세계관을 숨김없이 그대로 보여준다.

분명한 것은 구세대와 밀레니엄세대는 세상 바라보는 관점이 완전히 다르고 선천적인 눈썹이 아니라면 **그림48**과 같은 눈썹을 직선으로 문신을 하더라도 다른 인상의 느낌을 줄 수 있지만, 본질적인 기질은 그대로일 것이며, 직선 눈썹의 본질적인 강직함을 가질 수는 없다.

그림49와 같이 곡선의 눈썹을 한 사람들은 사고가 유연하고 부드러운 성격을 가졌으며, 환경에 적응을

잘한다. 사람들과 어울리는 것이 어렵지 않은 여자들에게서 많이 볼 수 있는 눈썹인데 요즘 찾아보기가 점점 어려워지고 있다.

눈썹의 꼬리가 눈꼬리 부분까지 발달해 있으면 온화하고 환경에 대한 수용성이 더욱 강해지며 사람들을 돌보거나 아우르는 능력이 뛰어나 권위가 있다.

노자의 이념

노자 : 도(道)를 도라고 말하면 그것은 이미 도가 아니다.

노자는 이미 도를 어기고 있고 도의 뜻대로 말과 행동을 하고 있다. 만약 노자가 도의 이치를 깨달았다면 만물의 모양과 생김새, 향기 등 그것만이 가진 고유한 장단점을 알아차리고 깨달았어야 했다. 인간은 본질, 습성, 기질 등 모두가 다른 성격과 성질을 지니고 있어 물과 같은 무위사상을 강조하지 못하는 것이다. 도를 도라 말하지 못한다면 노자 또한 도의 이치대로 살지 못했고, 따라서 인위적인 자신의 사고를 타인에게 알리려 했다.

생각해 보라! 누군가 만들고 형태를 가꾸기에 노자는 도서관 관리로 일하면서 수없이 많은 책을 접하고 배울 수 있었을 게 아닌가?

『공자가 노자를 찾아가 예는 무엇인지 묻자, 노자가 답하였다.
"훌륭한 상인은 물건을 깊이 숨겨 아무것도 없는 듯하고, 군자는 덕을 가지되 모양새는 어리석은 사람처럼 보인다고 하였는데, 그대는 예를 빙자한 교만과 욕심 많은 위선자이며 야심을 버리시오."라고 답하였다.』

노자 자신은 어리석어 보이는 사람이었을까? 사람에겐 몹쓸 병이 있다. 아는 병, 잘난 병, 가르치는 병. 이것이 한 인간을 죽였다, 살렸다 하는 뼛속 깊이 있는 고질병이고, 배우면 배울수록 병은 더 커진다. 소인은 이것에 '척'자를 붙인다. 아는 척, 잘난 척, 권위자인 척, 가르치려 드는데 알지도 겪지도 깨닫고 배우려 하지도 않는 소인은 이 못난 척의 고질병을 껴안고 산다.

노자가 틀렸다는 것이 아니다. 분명 올바른 것이고 당연하며 누군가는 그것을 알리며 가르쳐야 할 것이고 소인을 이끌어야 할 의무가 있기에 노자는 자기절제와 배움 그리고 내려놓음에 대한 깨달음으로 스승이 될 수 있었을 것이다.

《도덕경》: 도를 깨우친 사람은 '상사', 어느 정도를 아는 사람은 '중사', 도를 알지 못하는 사람은 도를 들으면 크게 웃으면서 웃기는 소리라며 비웃는 소리라 치부하고 마는 무리는 '하사'이다.

상사는 도를 깨우쳐 초연하다 하였는데, 이는 군자를 말하고, 하사는 자기밖에 모르고 탐욕스러운 사람으로 본능에 충실한 소인이다.

배우고 유식한 사람은 소인이 이해하기 어려운 말을 천상 유수처럼 우아하고 화려하게 포장하고, 소인은 그것에 감탄과 찬사를 보내며 말뜻에 뭐가 있는지 해석과 분석을 통해 누가 더 똑똑하고 잘하는지를 경쟁하듯이 풀이하고 시시콜콜 따진다. 왜 어렵게 말하는 것일까?

사람들은 쉽게 말하면 무시당하는 경우가 많고 깔보기까지 하기에 자신이 대단한 사람인 양 나는 너와 다르다는 표현을 어렵게 꼬아서 말하는 경향이 강하게 나타난다. 대인과 소인의 이치를 알고 본질을 깨닫는다면 개개인의 사람마다 제각기 다른 성격과 타고난 재능 등 이념들이 모두 다르기에 대인은 개인의 이념을 소인들에게 알기 쉽고 지혜롭게 통념시켜야 하는 것이다.

인간의 본질이란 서로 다른 성격과 성향끼리 상생이고 순리대로 이치에 맞게 살아가는 것이다. 그래서 노자처럼 지혜로운 사람은 소인이 알기 쉽게 알리고 가르치는 것이다.

이외에도 19세기에 철학자이자 교수였던 헤겔이 있는데, 헤겔의 말은 난해하기로 유명하고 철학의 세계에서는 헤겔의 깊이를 모르면 철학을 말할 수가 없다는 말까지 하는데 왜 꼭 철학을 지식으로만 배우려 할까?

헤겔 : 만물은 충동이 있고 행동하는 건 그 안에 모순이 내재하여 있을 때뿐이다.

무슨 말일까? 헤겔의 말들은 철학자들 사이에서도 해석하는 방법과 해석의 내용이 100명이면 100명이 모두가 다르다고 한다.

필자가 해석해 보자면 만물의 충동은 욕망일 것이고, 욕망을 채우기 위해서는 하는 행동에 거짓됨이 있다. 이런 말을 하는 것 같은데, '왜 철학자의 깨달음이란 이런 식으로 어렵게만 써야 하는 것일까?' 하는 의구심이 든다.

헤겔은 죽는 날에도 자신의 사상을 이해한 사람은 한 명도 없었다고 하였다. '알리려 했더라면 굳이 어렵게 말해야 하나.' 싶은 생각이 들 정도로 배움에 권위를 표한 것 같다.

헤겔은 어려서부터 영특하고 공무원 집안의 어렵지 않은 환경에서 성장하였고 성인이 되어서는 신앙을 거부하고 철학자가 되어 한 대학에서 임금도 받지 못하는 교수로 일하게 되는데, 무보수로 교수직을 할 수 있었던 이유는 자신을 알릴뿐더러 당장에 벌어야 먹고 산다는 각박한 삶의 의무감이 없었던 것이 아닐까 한다.

헤겔은 사람들에게서 명예와 권위를 얻기 위한 갈망이 강했다. 필자가 보는 헤겔은 그냥 잘난 척하는 기득권 세력의 과시하는 사람이다.

철학과 학문은 소인이 쉽게 알아차리면 그것은 철학이나 학문이 아닌 잡담이 되는 건가? 꼭 어렵고 난해하며 배운 사람이라 유식하게 말해야 철학자가 되고 선생, 교수가 되는가? 현대에 접어들면서 철학자는 많이 배우고 좋은 대학을 나와야 한다는 것이고, 깨달음이란 지식과 학문적으로 누구보다 뛰어나야 한다는 걸로 착각하고 있다.

철학이란 영어로 직역하면 '지혜를 사랑한다.'는 말로, 지혜는 삶에서 얻어지는 이로움이다. 사람들과의 교감 실패와 좌절한 인생에 어떠한 삶의 깨달음이고, 인생을 통찰하는 지혜는 누구에게나 쉽고 편하게 접근할 수 있어야 한다.

곤경에 처해 있는 인생에 지혜와 사랑을 통하여 구제하는 것이 철학자로서 의무가 아니겠는가? 현대에 와서는 오히려 지혜를 사랑하는 사람이 아닌 지식을 사랑하는 사람으로 바꾸는 것이 낫겠다.

어렵고 난해한 노자나 헤겔은 지식에 많은 치중을 둔 것으로 보인다. 진정 철학이 지혜라면 난해한 것이 아닌 공자와 소크라테스같이 소인들까지도 느끼고 깨닫고 알기 쉽게 해야 한다.

노자가 말하는 도는? 노자, 공자, 소크라테스, 헤겔 등은 이미 자신이 가진 본질대로 도를 행하고 있기에 굳이 노자 자신이 가진 이념과 사상을 타인에게 강조할 필요가 없는 도인 것이다.

꼭 가슴 깊이 배우며 깨달아야 하는 것은 인(仁)과 예(禮)일 것이다. 한 인간으로서의 기본적인 예절과 배려, 사랑 등 타인을 받아 주며 이해하려는 마음이 꼭 필요한 덕목이다.

현대 철학은 철학이 아닌 똑똑한 사람이 되기 위한 정보를 나누는 지식일 뿐이란 생각이 든다.

3부

수상(手相)

/

수상(손 手, 서로 相)

수상은 점치는 것이 아니며 성격을 보는 MBTI와 같다.

1. 수상

앞에서 면상은 한 사람의 성품이나 사물을 바라보는 관점에서 특성을 보았다면, 수상은 그 사람의 본질적인 성격과 살아오면서 변화된 특성을 알 수 있다.

손금을 보면서 잘살지, 못살지, 로또를 맞을지 등의 미래를 예측하는 것은 무의미하다는 것을 꼭 명심하길 바란다.

필자는 상담할 때 필요한 양식을 요청하는데, 손등 사진 1장, 왼손과 오른손 손바닥 사진 각 1장씩과 간단한 질문을 적어달라고 부탁한다.

그런데 질문 중에는 십중팔구가 "재물복은 어떤가?", "재산은 물려받을 수 있는가?", "땅을 사도 되는가?" 등 허황한 질문들을 많이 한다.

수상은 미래를 점치는 것이 아니다. MBTI와 같이 본인의 성격과 성향, 살고자 하는 방향과 의지, 나태한지, 열정이 있는지 등을 보는 것으로, 손금은 사고방식에 따라 나타나는 성격 지표선이다.

수상을 알기 전 꼭 명심하고 유의할 점 2가지를 짚고 가자.

1) 수상으로 점치지 않기

2) 상대방의 마음 관찰하기

오늘날 우리나라에는 어디를 가도 수상 전문가들이 즐비하다. 가장 많은 곳이 관광지인데, 2,000원부터 수십만 원까지 받고 있다.

2,000원 같은 적은 돈이야 재미로 본다지만, 수십만 원을 주고 보는 사람들은 어떠한 간절함이 있기 때문일 것이다. 필자는 궁금한 것이 있으면 못 참는 성격인지라 과거에는 여러 상담가를 찾아다니며 상담을 받아 보았지만, 2,000원짜리 상담과 수십만 원짜리 상담이 별반 다를 것이 없었다는 것이다. 다만 수십만 원짜리 상담은 질이 높아 보이게끔 포장을 많이 했다는 생각이 깊이 들었다. 또한 수상을 배우기 위해 여러 스승을 찾아다니며 몇백만 원씩 쓰기도 해 보았으나 필자를 만족시키지 못했을 뿐 아니라 제자를 가르치는 자세는 진정한 스승이라기보다 단지 비즈니스 관계일 뿐 아니라는 걸 알 수 있었다.

《목민심서》: 다른 벼슬은 고해도 백성을 기르는 벼슬은 고해선 안 된다.
위를 섬기는 자는 백성이라 하고, 백성을 기르는 자는 선비라 하였다.

— 다산 정약용

즉, 가르치는 자는 선비이자 스승으로서, 제자를 양성한다는 것은 아무나 해선 안 되는 것이라 본다. 자신의 이름 석 자가 따라붙는다는 것을 명심하고 명예와 권위로써 이에 맞게 제자를 관찰하고 애정과 사랑으로 교육하고 양성해야 올바른 게 아닐까? 이것이 참된 스승의 도리이지 돈을 벌기 위한 도구로만 사용한다면 스승이 될 자격이 없다고 생각한다.

수상은 오랜 시간을 두고 사람을 관찰한 후에 손을 보고 대조해가며 깨달아야 한다. 필자 또한 아직 사람의 생리를 잘 모르기에 연구를 계속하지만, 여전히 그 갈증이 쉽게 해소되지 않는다.

수상을 배운 사람 중에는 사람을 통찰하는 직감력과 뛰어난 언어 구사 능력 등 특정한 재능을 지닌 사람들이 많다. 이러한 사람들은 3개월만 배워도 내담자를 상대하는 데 큰 어려움이 없을 것이지만, 수상이란 점을 치는 것이 아닌 상대방의 마음을 읽고, 서로 교감하며, 성격을 파악한 후에 처방을 내려주는 심리상담의 도구일 뿐이기에 타인을 읽는 능력, 교감 능력 등 타고난 재능을 지닌 사람이라면 상대의 성격을 읽는 데 유익한 정보통일 것이다.

수상은 한 사람의 의지력, 끈기, 투쟁심, 발달 신경 등 타고난 기질에 대한 성격을 판단하는 것임을 인식하는 것이다. 그것이 곧 삶을 이끌어 가는 데 이로움으로 작용할 것이며, 자신을 알아가는 데 도움이 될 것이라 말하고 싶다.

2. 7가지의 손 모양

손의 모양을 보는 것을 수형학이라 하는데, 이는 살면서 절대 변하지 않는 자신의 타고난 기질을 나타낸다.

기질 = 수형학 : 선천적으로 가지고 태어난 변하지 않는 성격

성격 = 장선학 : 살면서 환경의 영향으로 변해가는 성격

인격 = 면상학 : 기질과 성격이 만난 성품

본질적인 성격을 알고 싶다면 손 모양을 주시하면 된다. 손이 거칠거나 부드러운 느낌 또는 손의 모양에서 그 사람의 특성을 70% 이상 알아차릴 수 있으며, 장선학은 현재 그 사람의 사고가 어떠한지를 보여 주는 것으로, 본 기질을 알고 난 이후 장선학을 보는 게 옳다.

손의 모양은 물질적인 손과 정신적인 손의 두 분류로 나뉜다. 물질적인 손 세 가지와 정신적인 손 세 가지, 혼합형의 손 한 가지로 총 일곱 가지인데, 손의 모양은 과반수가 혼합형으로 발달되어 있으며, 그 차이점은 손가락에서 찾아볼

수 있다. 물질적인 손으로는 '방형', '주걱형', '원시형'의 세 가지와 정신적인 손으로는 '원추형', '첨두형', '사색형'의 세 가지, 그리고 '혼합형'은 물질형과 정신형의 손 모양이 서로 뒤엉켜 발달된 손을 말한다.

물질적인 손인 방형과 주걱형은 손바닥을 보아야 확실한 차이를 알 수 있으며, 나머지 네 가지는 손등을 봄으로써 확실한 차이를 알 수 있다.

[방형의 손]

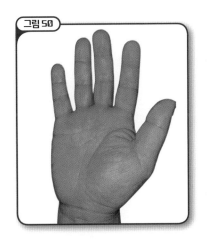
그림 50

그림 50 처럼 손 전체가 정사각형과 직사각형으로 굴곡 없이 네모반듯한 느낌이고, 손가락은 손바닥과 만나는 지점부터 손톱의 끝부분까지 직사각형을 이루고 있다.

손가락의 끝이 뭉툭하고 둥글둥글하니 살집이 탄탄해 보이면 현실적인 사고가 강한 물질적인 방형의 손이다.

방형의 손 장점 : 현실적, 실행력, 육체적, 의지, 끈기, 주도적
방형의 손 단점 : 융통성 없음, 물질욕 강함, 의존하지 않음

• 손 중에서 가장 으뜸인 손으로 건강, 현실적, 행동력 등 이 세 가지를 타고난 사람이라 볼 수 있다.
• 이성적이고 합리적인 성격을 지녔으며, 체계를 잘 따르지만 다소 고리타분한 성격을 지니고 있기도 하다.

- 선천적으로 논리에 근거하여 의심이 많고 이론에 많이 치중하는 사람이며 리더십이 뛰어나다.

단점으로는, 방형은 자기 신념이 강해 어떠한 것에 집착하면 끝까지 하려는 경향을 보인다. 또한 소유욕이 강하며 자신의 체계적인 틀 안에서 조금이라도 벗어나지 않으려 하는데, 이는 질서, 꼼꼼함, 관념 등 철저한 자기관리 때문일 것이다. 이러한 성향은 손의 살결이 거칠어 보일수록 더욱 강해지고 융통성이 없어 설득하기가 매우 어렵다. 반대로 살결이 부드러운 느낌을 줄 때는 현명하고 논리적인 사람으로 공사 구분을 잘하기에 뛰어난 지도자가 될 수 있다.

만약 방형의 손에 일자 손금(원숭이 손금)을 가졌다면 매우 뛰어난 지도자이거나 자기밖에 모르는 오만한 사람일 것이다.

....

방형의 손은 수동적인 사람보다는 능동적이고 창의적인 성향을 지닌 사람을 수용하는 능력을 길러야 한다.

[주걱형의 손]

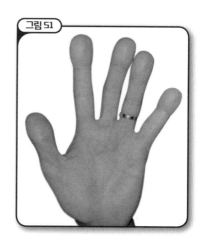

그림 51

그림 51 과 같이 주걱형의 손은 손가락의 끝부분이 개구리 손을 연상시키는 듯하며, 손가락이 곤봉같이 생겼다 하여 '곤봉지'라고도 한다. 손의 모양새는 직사각과 정사각의 여러 형태로 나타나며 손가락의 끝부분만 주시하면 된다. 이러한

손을 물질적 주걱형이라 한다.

> **주걱형 손의 장점** : 신체 건강, 활동성, 손재주, 추진력
> **주걱형 손의 단점** : 협조 없음, 성급함, 규칙을 싫어함

- 주걱형의 손은 사물을 바라보고 터득하는 데 인지능력이 매우 뛰어나며 신체도 건강하다.
- 주걱형의 손을 지닌 사람들은 소양인같이 선천적으로 몸매가 좋은 경우가 많은데, 활동성에서 나타나는 신체 리듬이 아닐까 한다.
- 일 처리를 하는 데 있어서 남들보다 뛰어나고 일을 시켜보면 일사천리로 진행된다.
- 재주가 많기에 물질욕을 줄이고 자기만의 것을 만들고 추진해 나간다면 수단과 수완이 좋아 돈 버는 건 그리 어려운 일이 아닐 것이다.

단점으로는 감정을 잘 감추지 못하고 공동체 생활에서 어려움이 많다. 혼자 톡톡 튀는 럭비공 같은 성격을 자주 보이며, 고집이 세어 타협이 잘되지 않는다. 주걱형의 손을 가진 사람은 공동체 생활보다 자기만의 것, 공예, 스포츠 트레이너, 미술, 음악, 장사 등에서 적성에 맞는 직업을 찾는다면 크게 성공할 것이다.

주걱형의 손을 가진 사람은 자신의 다재다능한 재능 때문에 싫증을 빨리 느끼며 한 가지를 진득하게 하지 못하거나 타인과의 교감에서 우월감을 드러내는 경우가 많아 교감하고 어울리는 데 어려움을 겪게 된다.

소통, 교감에서 자기 존재감을 한층 내려놓는다면 인기쟁이가 될 것이다.

[원시형의 손]

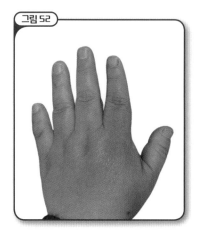
그림 52

그림 52 처럼 전체적인 손의 느낌은 살집이 많아 보이며 통통해 보이면서 손가락은 손톱 쪽으로 갈수록 좁아져 세모 모양을 하게 된다. 대체로 손가락이 짧게 나타나며 투박스러워 보이는 이러한 특징의 손은 물질적 원시형의 손이다.

원시형 손의 장점 : 체력, 실행력, 추진력, 주도적
원시형 손의 단점 : 물질욕 강함, 저돌적, 한탕주의

원시형의 손은 장단점이 불분명하다. 단점이 될지 장점이 될지는 꼭 따지기가 어렵지만 한 가지 확실한 건 물질적인 손 중 욕심이 가장 강하게 나타난다.

물질적인 사람이기에 지배욕이 강하고 주도적인 성향 때문에 자기 뜻대로 되지 않을 시에는 저돌적인 성격이 고스란히 나타날 수 있다.

노름, 도박, 한탕주의자들에게서 많이 볼 수 있는 손이며, 손이 거칠어 보일수록 그 성향은 더욱더 강해지는데 현장 근로자들에게서 많이 볼 수 있고, 엄지손가락이 못생기면 난폭하다.

손이 부드러우면 사업가나 임원과 같은 관리직이 많으며, 금전 관계가 분명하고 실속이 없는 것에는 관심이 없고 현실적이다.

원시형의 손을 가진 사람들은 대체로 눈이 작고 예리한 눈초리를 한 사람이

많은데, 사물을 바라보는 눈이 날카롭고 득과 실의 간파가 빠르다. 사람의 비위를 맞추는 것도 잘하지만, 의식주 해결에만 초점이 맞춰진 단순한 사람이다.

원시형 손은 배짱이 좋고 탐욕이 강하다는 특징이 있으며, 배우기를 싫어하는 사람이 많다. 만일 배우길 좋아하고 덕을 베푼다면, 그 덕은 머지않아 큰 부로 이어질 것이다.

[원추형의 손]

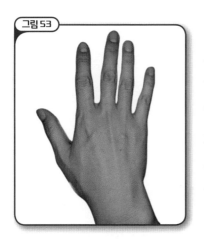

그림53

그림53 처럼 전체적으로 직사각형의 느낌을 주며 살집은 많지도 적지도 않으며 특별히 모난 느낌을 주지 않는다. 손바닥과 손가락의 길이가 비슷해 보이며 손가락은 손톱 쪽으로 갈수록 살짝 좁아지는 느낌을 주는 이러한 손은 정신적 원추형의 손이다.

원추형 손의 장점 : 융통성, 창의성, 상상력, 부드러움, 리더십, 요점 파악
원추형 손의 단점 : 나태함, 끈기없음, 향락적 기질

- 방형의 손이 거친 리더였다면 원추형의 손은 부드럽고 온화한 리더형이다.
- 사고가 유연하다는 것이 가장 큰 장점이기에 직업적으로도 비즈니스나 서비스업 같은 직업에서 많이 볼 수 있는 손이며, 어떠한 일에서 핵심 파악이 빠

르고 예리한 감각으로 문제해결 능력이 좋다.

• 독특한 아이디어 창고이기도 하지만 노력과 끈기가 약해 밀고 나가는 자질이 부족하다는 게 흠이다.

육체노동을 별로 좋아하지 않는 사람이 많지만, 딱딱하고 거칠어 보이는 원추형의 손은 방형에 버금가는 건실함을 나타내고 근로자들에게서 흔히 볼 수 있다. 사람들과 어울리고 즐기는 것을 좋아하다 보니 향락적 기질이 강한 원추형의 손이 이러한 일상에 더더욱 젖어 들면 흥청망청 풍류를 즐기다 노년을 맞이할 수도 있다.

원추형 손이 사색을 좋아하는 경우 작가, 시인, 예술과 같은 철학적 기반을 둔 무언가에 특출남을 보이기도 한다.

[첨두형의 손]

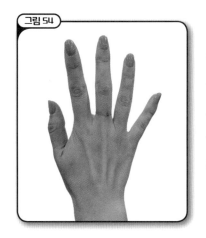

그림 54

그림 54 처럼 전체적인 느낌이 직사각형을 하고 손가락이 길어 보이는 것이 특징이며 여성의 전유물인 예쁜 손이다. 보통 엄지손가락도 길게 잘 발달하며 손톱은 가로 폭이 좁고, 세로로 길어 보이는 게 정신적 첨두형의 손이다.

- 첨두형 손의 특징은 손톱이 세로로 길다는 것인데, 손톱이 세로로 길면 면역력이 약하고 신체 건강이 좋지 않고, 보통 호흡기와 기관지가 약해 감기를 달고 사는 사람이 많다.
- 사물을 보는 시각이 보통 사람과는 달라 느낌, 색감, 향기 등에 매우 예민하여 예능, 예술, 공예, 미술 등의 직업에서 흔히 볼 수 있다.
- 사람들과의 관계가 유연하며 다정다감하고 동정심, 애정, 사랑, 모성애, 감수성 등이 강하게 발달해 있기에 사소한 것에도 감동을 잘 받고 눈물이 많으며 삶에 조금이라도 힘겨움이 온다면 헤쳐나가는 힘이 부족하여 인생의 비관론자가 되기 십상이다.

직감력이 좋아 배우자를 잘 만나 즐거운 삶을 사는 여성들이 많지만, 첨두형 손을 가진 여성들은 자신이 가지지 못한 저돌적인 행동과 사람들을 동경하게 되는데 강한 인상을 주는 남자를 바라보고 좇는 경우가 많으니 주의해야 한다.

간혹 첨두형의 손을 지닌 남자가 있으면 조심해야 하는데, 겉으로는 매우 부드럽고 상냥하며 사교적으로 보이지만, 사람의 마음을 가지고 장난치는 사악한 사람이 많고, 사람들에게 등치고 피 빨아 먹는 사람일 가능성이 매우 높다.
여자는 보통 첨두형의 손이면 호리호리하고 왜소해 보이거나 늘씬한 것이 특징인데, 첨두형의 손을 지닌 여성이 체격이 좋고 건강해 보인다면 감정 흡혈귀이다.

[사색형의 손]

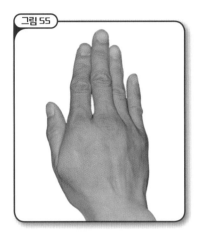
그림 55

그림 55 처럼 보통은 직사각형의 손 모양을 하고 있지만 네모반듯한 모양을 한 사람도 종종 볼 수 있다. 손의 모양새가 전체적으로 앙상한 느낌을 주며 뼈마디가 많이 발달하여 울퉁불퉁한 느낌을 주고 손가락 사이사이가 벌어져 구멍이 뚫려 있으며 부드러운 느낌을 주지 않는 손이 정신적인 사색형의 손이다.

사색형 손의 장점 : 차분함, 학구파, 사색적, 독특한 사고, 완벽주의
사색형 손의 단점 : 신경질적, 냉정, 소극적, 비사교적, 직선적

사색형의 손은 차분하고 조용하니 내성적인 성격이 장점이며, 배우는 것에 흥미를 느끼고 혼자 있기를 좋아하는 사색가이다.

장단점을 동시에 보이는데, 매우 냉정하고 이기적인 사람으로 보일지 모르지만, 정이 많고 베풀기를 좋아하는 사람이며, 다정한 면이 많고 기분 좋게 베푸는 경우가 드물다.

무엇을 하더라도 완벽해지려는 성향과 자부심이 강하여 타인을 무시하거나 직설적인 말과 자신의 지식에 우월함을 과시하려 한다.

내향성에다 사색을 좋아하는 스타일이다 보니 타인과의 교류가 원만하지 않게 되어 고독을 즐기며, 과학, 철학과 같이 연구하고 분석하는 분야에서 두각을 보인다.

물질욕이 약하고 정신적 세계관의 발달과 독특한 성격 및 성향을 지니고 있어 타인의 대화나 행동 등 모든 면에 격을 갖추는 걸 바라는데, 이는 사색형의 손이 가진 섬세함, 꼼꼼함 등에서 나타나는 성격으로 다소 내려놓는 게 심신이 편해진다.

[혼합형의 손]

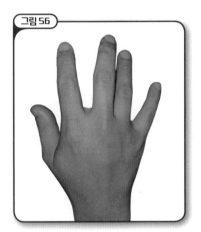

그림 56

그림 57

그림 56 의 손 모양과 손가락의 모양들이 여러 가지 형태로 나타나게 되는데, 보통 과반수가 혼합형을 가지고 있으며, 검지와 약지를 주시해 보아야 한다. 이유는 두 손가락은 사회적 활동 영역을 나타내기 때문이다(명칭 그림 57 참조).

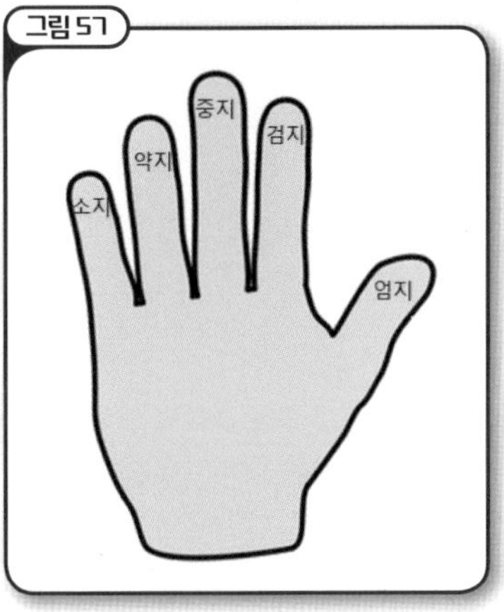

손 모양의 기본적인 기질은 있지만 두 손가락의 생김새에 따라 말과 행동, 사고방식이 완전히 다른 사람이 될 수 있다.

검지는 자기 내면에서 사회를 바라보는 이념, 약지는 자신의 재능 또는 사회활동에서 보이는 이미지가 되는데, 검지의 끝부분이 날카롭게 발달하여 있으면 이상주의 사상이 강해지고, 뭉툭하면 현실주의 사상이 강해진다. 약지 또한 끝이 날카롭고 뾰족한 느낌을 주게 되면 예술적인 기질이 강하며, 뭉툭하면 실리적인 기질이 강하게 나타난다.

　손가락의 모양은 '3부 5. 4개의 손가락' 편에서 좀 더 자세하게 설명하도록 하겠다.

　혼합형의 손은 어떻게 해석하느냐에 따라 본질적인 기질이 물질적인가, 정신적인가, 즉 어떤 사고력을 지녔는지 알아차리기가 힘들며 오랜 시간 연습과 많은 경험만이 도움이 될 것이다. 인구의 과반수가 혼합형인 만큼 큰 틀만을 보고 맥을 짚는 경우 완전히 다른 사람으로 오판할 우려가 매우 크다는 것을 주의해야 한다.

....

　혼합형의 손에서 기본 성질은 보통 엄지에서 읽어 낼 수 있다.

3. 손의 언덕

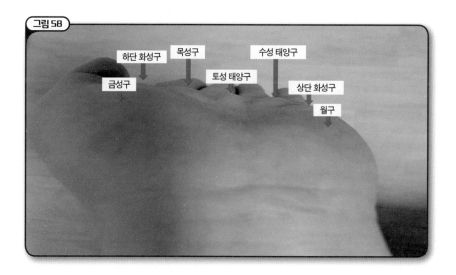

그림 58

하단 화성구   목성구   수성 태양구

금성구   토성 태양구   상단 화성구

월구

손가락을 바짝 모으고 손바닥을 쫙 편 후 하늘을 보게 하고 손바닥을 나의 눈 높이에 가져와 보도록 하자.

그림 58 처럼 손바닥에는 언덕처럼 불쑥 솟아난 곳이 일곱 군데가 있는데 이곳을 언덕 또는 구(丘)라고 한다. 언덕의 발달은 태어날 때부터 중추신경의 발달과정을 거치면서 손바닥의 언덕도 같이 발달하는데, 이는 변하지 않는 자

신의 본질적인 기질을 나타내준다.

각 언덕이 가진 성향은 고대 그리스의 일곱 신(神)에서 그 특징들을 따온 것이며, 언덕의 강약에 따라 어떠한 사고가 지배적인지, 재능과 장단점 등 한 사람의 특정한 개성을 알아차릴 수 있다. 언덕이 골고루 잘 발달하였을 때는 손바닥의 가운데가 푹 꺼진 것처럼 보인다.

언덕을 읽을 때는 하나의 언덕만 보고 읽기보다는 여러 언덕을 비교해가며 2~3가지의 특징을 끄집어내는 것이 바람직하다.

언덕을 보는 것은 손의 모양 중 혼합형의 손을 읽는 것과 같이 쉬운 일이 아니며 오랜 시간을 투자하여 관찰과 경험이 바탕이 되어야 한다.

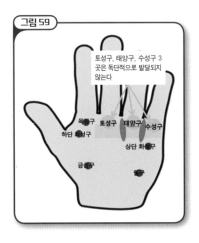

그림 59

토성구, 태양구, 수성구 3곳은 독단적으로 발달되지 않는다

토성구, 태양구, 수성구는 독단적으로 발달하지 않는데, 약지를 기준으로 양쪽으로 나란히 솟아 있는 언덕이 2개가 있다. 그림 59 의 파란색 부분 2개의 언덕 중 어느 하나가 중지나 소지 쪽으로 포진되어 발달하는 경우가 있는데, 이런 경우 '토성 태양구'와 '수성 태양구'로 본다. 어느 쪽에도 포진되지 않았다면 태양구 성향을 지닌 사람이다. 언덕(구)의 장단점 그리고 재능은 무엇이 있는지 살펴보도록 하자.

월구

긍정 : 상상력, 창의성, 특정한 재능, 매력, 행복, 직감력, 감수성
부정 : 공상, 향락, 냉정, 센스 없음, 예민함, 극단적, 부정, 나태함

월구는 상단 화성구와 하단 화성구를 같이 읽어 내는 것이 좋은데, 투쟁심과 의지력이 있나 없나에 따라 삶의 질이 많이 다르기 때문이다.

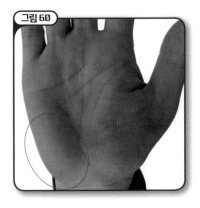

그림 60 과 같이 월구가 불룩하게 발달하여 있을 때는 상상력, 아이디어와 같은 창의적인 사고가 많이 발달한 사람으로 꿈과 감수성을 먹고 사는 사람이기에 감정이 풍부하고 눈물도 많으며 예민하다. 변화와 이색적인 것을 좋아하고 변덕도 심한 경우가 많으며 이성 교제도 독특함을 추구하는 경우가 많다.

독창적이고 놀라운 무엇인가를 창출해 내기도 하며 사회적으로 음악, 미술과 같은 분야 또는 작가, 시인, 운동선수 등에 뛰어남을 보이며 사람들에게 즐거움과 행복, 감동을 선사하는 멋진 힐링 아티스트가 될 것이다.

월구가 발달하면 인생에서 즐거움을 많이 찾게 되는데 술, 도박과 같은 향락적인 기질 또는 나태함이 있고 거짓말도 잘한다.

상단 화성구와 하단 화성구의 발달이 미약하다면 이러한 습성은 더욱 강해지기에 공상가에 그치는 경우가 많으며 야행성인 사람이 많다.

월구가 많이 발달한 사람은 사고 자체가 천방지축으로 톡톡 튀는 경우가 많고 생각이 많아 정리도 안 되는 히스테리적인 광기도 보이며 민감한데, **그림 60** 처럼 독립적 두뇌선이 많이 떨어지고 감정선도 길지 않은 모습은 톡톡 튀는 성격을 한층 더 강화시킨다.

....
월구가 많이 발달한 사람은 명상 또는 마음 다스림이 필요하다.

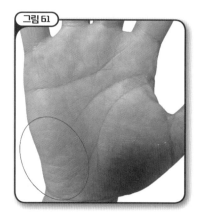

그림 61 과 같이 월구가 발달되지 않은 사람은 직선적이며 현실주의자다. 창의적인 사고보다는 실용적인 사고형이라 볼 수 있으며 즐거움이나 유머 등 재미를 모르는 냉철한 사람이거나 진지한 사람이 많다.

만약 토성구의 발달이 우수하고 장선의 두뇌선이 월구 쪽으로 길게 발달해 있다면 사물이나 환경의 통찰력이 뛰어나며 의심이 많은 사람이다.

상단 화성구(제2 화성구)

긍정 : 끈기, 자제력, 침착성, 인내
부정 : 나약함, 소심함, 의지박약, 겁쟁이

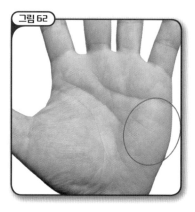

그림 62 와 같이 상단 화성구가 불룩하게 발달하여 있는 사람은 자제력과 끈기 인내심이 뛰어나고, 이성적이며 차분해 노력에 대한 결실이 있을 것이고, 모든 언덕의 보조역할을 해준다.

상단 화성구와 하단 화성구가 같이 잘 발달해 있다면 바라고자 하는 일에 뚝심이 있어 반드시 목표달성을 이룰 것이다.

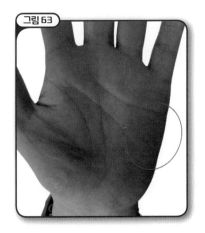

그림 63 과 같이 상단 화성구가 밋밋하면 무엇을 하더라도 끈기가 없어 성과가 없는 실패만을 맛볼지도 모른다.

보통 과반수가 상단 화성구의 발달이 그림 63 과 같은 모습을 보인다.

하단 화성구(제1 화성구)

긍정 : 의지, 결단, 용기, 진취, 끈기
부정 : 소심함, 비굴함, 연약함, 정체성 약함, 겁쟁이

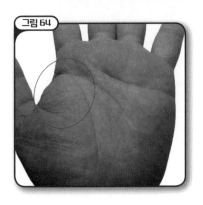

그림 64 와 같이 하단 화성구가 과다하게 발달된 사람은 자기주장이 매우 강하며, 공격적이고 저돌적으로 사나운 사람이 많으며, 동물적 본능이 강하기에 성적 욕구도 강하게 나타날 것이다. 적당하게 발달해 있으면 용기와 결단력, 끈기 등이 좋아 삶을 진취적으로 이끌어 나아간다.

그림 65 처럼 쭈글쭈글하고 푹 꺼진 듯 살집이 없어 보이면 환경에 맞춰 행

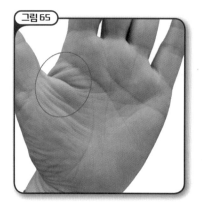
그림 65

동하고 순응적인 사람이 될 수도 있지만 대체로 겁이 많고 소심한 성격에다 자아 정체성도 떨어지는 사람이 많다. 하단 화성구가 발달하지 않은 사람은 리더보다는 참모역이 좋으며, 보통 여자가 하단 화성구의 발달이 약하다.

하단 화성구는 상단 화성구와 반드시 같이 보고 읽는 게 좋은데, **그림 62** 와 **그림 64** 처럼 상단 화성구와 하단 화성구가 불룩하게 발달해 있는데 손바닥의 중간이 오목하지 않고 평평한 느낌을 준다면 매우 거칠거나 욕심이 많고 자기밖에 모르며 자기 뜻대로 살거나 사람들과의 감정교류에 어려움을 느낀다.

상단과 하단 화성구가 적당히 부풀어 있고 목성구의 가로선(솔로몬 링(목성고리) 116쪽 참조)이 없이 검지가 반듯하면 명예와 권위가 따르는 뛰어난 지도자가 될 것이다. 하단 화성구는 도전과 투쟁, 경쟁, 싸우기를 좋아하는 성향을 지녔기에 무모한 행동을 많이 하게 되는데, 이것을 참고 버티게 해주는 것이 상단 화성구이다. 하단 화성구는 실행이고, 목적달성은 상단 화성구다.

상단과 하단 화성구는 남성적 기질을 많이 지닌 양기의 기운을 품은 곳이다. 양의 기운을 많이 품었다는 건 경쟁심, 호기심, 성적 욕구가 강하게 나타나기에 절제하는 연습과 습관이 필요하며, 직업적으로는 활동성이 강한 직업에 잘 어울린다. 예를 들면 운동선수, 직업군인, 현장관리인 등의 직업이 좋다.

반대로 상단과 하단 모두가 발달되지 않았다면 여성적인 성질이 강해지기에 음의 기운을 많이 가지게 되어 도전이나 무모한 행동을 좋아하지 않는다.

직업적으로는 회계, 세무, 경리 등의 세밀하고 차분한 사무직 업무가 잘 어울린다. 즉, 두 화성구가 잘 발달한 사람은 공격수이고, 발달이 미약한 사람은 수비수이다.

....

건강 – 화성구가 잘 발달한 사람은 몸에 열기가 많기에 뇌졸중, 고혈압을 조심해야 하고, 발달이 약한 사람은 저혈압, 수족냉증이 많다.

수성구

> **긍정** : 사교, 언어, 사업, 상업, 실업, 의학, 상호작용, 완벽, 해결
> **부정** : 허위, 탐욕, 교활, 물질적, 사기, 절도, 은둔

수성의 기본 성향은 성실해 보인다. 무언가를 열심히 하고 분석하며 차근차근 준비해 나가는 스타일인데, 흠이라면 금전이나 물질적인 면에서 탐욕이 크기 때문에 자신의 이득을 위해서는 타인의 희생도 일삼을 수 있으며, 인생을 맘껏 즐기지 못하는 사람이 많다.

수성구의 성향을 많이 지닌 남자는 몸에 털이 많은데, 유대인을 연상하면 될 것이다. 여자는 살집이 있거나 태음인처럼 둥근 느낌이 많다.

그림 66 처럼 수성구가 잘 발달해 있으면 물질적인 관념이 좋아 상업이나 사업, 투자 또는 실업 방면에서도 공과 사의 구분이 명확한 사람이며, 사리분별력, 기억력, 계산 등 두뇌 회전도 빨라 명석함을 지녔다.

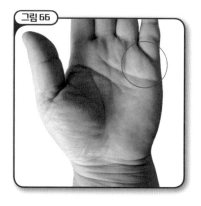

대체로 수성구의 성향을 지닌 사람들은 손의 전체 느낌이 퉁퉁하고 손목이 굵은데, 이러한 사람은 인정이 많고, 언변이 좋으며 건실하다. 직업으로는 부동산, 식당, 사업가에게서 흔히 목격된다.

손의 전체 느낌이 딱딱하거나 말랐는데 수성구만 발달해 있는 사람은 물질적 탐욕이 강해 대인관계를 이해득실로만 따지는 경우가 많다.

수성구가 발달한 사람들은 대체로 현실적이고 눈앞에 보이는 것에 의존하기 때문에 멀리 보려는 안목이 필요하다.

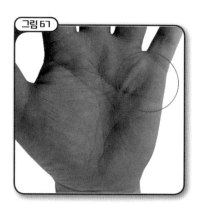

그림 67 과 같이 수성구가 푹 꺼지거나 평평한 느낌일 때는 물질적인 이해관계에 부족함을 보인다.

수성구의 발달이 **그림 67** 처럼 약한데 약지가 중지로 휘어져 중지와 약지 사이가 벌어져 보인다면, 재무관리가 되지 않고 돈이 모이지 않으며, 지극히 감정적인 사람이다.

대체로 수성구형 사람들은 부지런하고, 생각나는 것이 있으면 곧바로 실천에 옮기는 근면 성실한 사람이며, 융통성과 수완이 좋은 지극히 물질적이며, 육체·정신적 모두에 뛰어난 사람으로 질 좋은 삶을 살아간다.

- 수성구와 새끼손가락

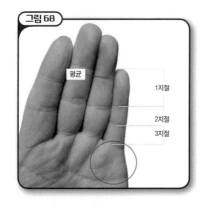

그림 68

평균

1지절

2지절

3지절

소지(새끼손가락)의 길이는 약지의 1지절 정도가 보통인데, 소지가 **그림 68** 처럼 약지에 1지절보다 길고 소지의 3마디 중 1지절이 긴 경우, 물질적이 아닌 정신적인 사고가 강하게 발달된 사람임을 나타낸다.

그림 68 과 같이 소지가 발달해 있고 수성구의 발달과 상관없이 세로선이 여러 가닥 발달해 있다면 언어 구사 능력, 임기응변 등이 좋고 대중 앞에 서서 말하는 직업으로 교사, 강사, 간호사, 상담사와 같이 사람을 지도하거나 돌보는 직업이 좋다.

그림 68 과는 반대로 수성구의 발달이 미약하고 소지도 짧거나 볼품이 없으면 언어 구사 능력과 사리 분별능력이 떨어지며, 대인관계와 사회활동력이 약한 소심한 사람이 많다. 즉, 서비스 같은 대중 앞에 서서, 사람 상대하는 직업은 적합하지 않다.

소지 손가락은 다른 손가락보다 대체로 굵기가 가는데 다른 손가락과 비슷한 굵기이거나 그 이상의 굵기로 발달해 있다면 재무관리 능력이 뛰어나고 부동산 관련 투기에 능하다. 만약 소지가 약지로 휘어져 있다면 창의적인 사고로 수익을 창출하는 아이디어 창고일지도 모른다.

2지절이 길게 발달한 사람은 실용주의 실무자로 투자, 세무, 사무와 같은 논리적이고 계산적인 일이 적성에 맞다.

3지절이 발달하는 경우는 욕심이 과한 탐욕주의자일 가능성이 크지만, 보편적으로 3지절은 잘 발달되지 않는다. 반대로 1, 2지절에 비해 유독 짧으면 물질적 관념이 없다.

목성구

> **긍정** : 지배, 야심, 패기, 권력, 명예, 자존심, 사람 관심, 사랑, 리더십, 자아실현 욕구
> **부정** : 허영, 오만, 횡포, 무절제, 억압

목성구는 사람과의 관계, 믿음과 정의, 사랑 등 정신적인 사고가 강하게 나타나는 곳이며, 권위와 명예, 삶의 지혜를 나타내는 곳이기도 하다.
손가락의 생김새, 목성구의 발달 또는 감정선의 발달이 어떠한가에 따라 이타심이나 배려심, 봉사 정신이 강한 낙천적인 사람이 될 수도 있으며, 반대로 욕망에 사로잡혀 사리사욕을 추구하고 지배적인 성격과 폭군이 될 수도 있다.

다른 손가락에 비해 검지는 정신세계, 이념, 가치관을 볼 수 있는 곳으로, 손가락의 세 마디 중 손톱이 있는 끝부분이 1지절, 가운데가 2지절, 손바닥과 연결된 부위가 3지절이다(그림 68 참고). 1지절이 길면 이상적인 사고가 강하며, 2지절은 실리적, 3지절은 욕망과 야망을 나타내게 되므로 완전히 다른 세계의 사람이 될 수가 있으니 손가락의 지절을 꼭 유념하여 보아야 한다.
손가락에 대해서는 '3부 5. 4개의 손가락'에서 더 자세하게 설명하겠다.

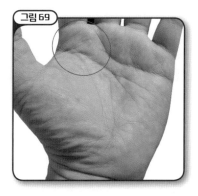

그림69 와 같이 목성구가 쭈글쭈글하고 횡단하는 잔 선들로 가득 차 있으면 실패와 좌절이 많으며 삶이 뜻대로 풀리지 않고 힘겨움을 많이 느끼게 되는데, '내 인생은 왜 이런가?' 하는 지나온 삶을 많이 돌이켜보아야 한다. 이유는 어떠한 일을 하더라도 벌려만 놓은 채 돌파구를 찾지 못하고 포기하는 경향이 많기 때문이다. 잔 선으로만 이루어지고 푸석푸석한 느낌은 인생에의 정체성도 없으며 야망도 의욕도 없는 인생, 비루한 삶에 변명만이 가득할 것이다. 이와 반대로 깊고 진하게 횡단하는 선들이 있다면 판단 오류로 인한 직장 퇴직, 사업 실패, 인간관계 단절 등 자신의 야망과 꿈이 좋지 않은 결과를 초래할 수 있다.

그림70 과 같이 목성구의 발달이 좋고 지저분한 잔 선들이 없을 때는 삶이 윤택하고 큰 파란이 없으며, 살집이 좋고 팽팽한 모습이라면 대인관계와 사회생활이 우수하다. 또한 검지가 구부러지지 않고 곧다면 우직하고 믿음직스러운 사람이다. 반대로 중지 쪽으로 구부러져 있는 사람은 삶에 융통성이 있고 노련한 사람이며, 엄지 쪽으로 구부러진 사람은 독단적이고 모험심이 강하다. 목성구는 가로로 횡단하는 선들이 없는 게 가장 이상적일 것이다.

- 향상선과 솔로몬 링(목성 고리)

목성구는 대인관계와 사회생활의 양식이다. 목성구를 살펴보면 대인관계는 어떠한지, 회사생활은 잘하고 있는지, 나의 꿈과 야망은 어떤지, 자존심과 자존감은 어떠한지 등 삶의 우여곡절과 파란을 볼 수 있다.

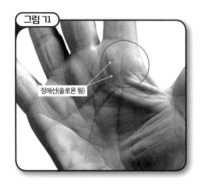

그림71

장애선(솔로몬 링)

그림71 의 노란색으로 표시된 것은 장애선이며, 얇든 굵든 상관없이 많으면 많을수록 실패와 좌절, 삶의 기회 등을 놓치는 좋지 않은 선이다. 하지만 나의 정체성과 자아실현 욕구가 얼마나 강한지에 따라 검지 방향으로 장애선을 지나 박차고 올라가는 세로선들이 나타나는데, 목성구의 세로선을 향상선이라 한다.

향상선은 인생의 역경을 딛고 일어설 수 있는 회복력에 대한 강도이며, 진하면 진할수록 그 힘은 더욱 강해진다.

반면 흐릿한 실선은 없는 것만 못한데 실행하고도 버텨낼 근성이 없기 때문이다.

목성구를 가로지르는 횡선을 솔로몬 링이라 한다. 솔로몬 링이 있으면 흔히 지혜로운 사람이라고 하는데, 사실은 그렇지 않다. 과반수의 사람이 가지고 있으며, 그것은 곧 인생에의 좌절과 고통을 나타내는 장애선이다. 그러니 자신의 삶을 되돌아보고 자신의 이념은 어떠한지, 무엇을 보고 살아가는지, 대인관계는 어떠한지 등을 묻고 또 물어 자신을 향상해가야 한다. 그래서 지혜를 얻는다는 뜻으로 솔로몬 링이라 한다.

- 목성구의 변화

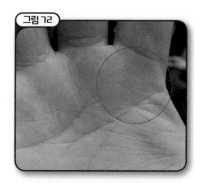

그림 7-2

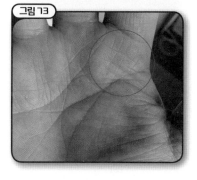

그림 7-3

수상을 수년간 적립하고 공부해오면서 깨달은 것으로, **그림 7-2** 는 필자의 2007년 사진으로 향상선이 전혀 없이 가로 횡선만 나타나 있는 모습인데, 그때의 나이 30살이었다. 주위 사람들은 필자와 대화하면 모두가 피하기 바빠 보였으니 그 이유를 가만히 생각해 보면 투쟁·경쟁심이 매우 강한 저돌적이고 예민한 피해망상, 조울증 같은 모습을 보이며 타인에게 책임을 전가하고 핑계대기 바쁜 사람이었다. 하지만 **그림 7-3** 은 2022년에 변화한 모습으로 향상선이 발달한 걸 볼 수 있는데, 향상선이 이렇게 발달한 현재 생각해 보면 필자는 삶의 어떠한 고통이나 힘겨움도 타인에게 전가하지 않으며, 주위 사람들의 눈총이 두렵긴 하지만 극복하려 노력했다. 즉, 저돌적인 성격은 본질이라 변하지 않았지만 예민함, 피해망상, 조울증처럼 과민반응이 많이 무뎌졌단 사실이다.

이것은 삶에서 얻은 지혜이다. '나의 삶에 대한 고통을 타인에게 투영하지 마라.' 세상 모든 사람은 살아가는 자체가 고통이기 때문에 자신의 고통을 남에게 전달해서는 안 되는 것이다.

주위를 둘러보라! 인생을 낙담만 하는 사람은 자기밖에 모르는 이기심이 강하고 잘 살거나 못 살거나, 돈이 있으나 없으나 상관없이 버릇처럼 타인에게 투영시킨다. 이러한 사람은 평생 행복했던 적이 없다고 말할 것이고, 당신과 마주하는 순간도 고통이라 말할지 모른다.

횡선들이 발달한 사람이라면 그 어려움은 자신이 만든 것이기에 그 어려움을 불굴의 의지로 버텨라. 봄은 오고 꽃은 핀다.

금성구

> **긍정** : 애정, 건강, 사랑, 동정, 행복, 낙천적, 너그러움, 에너지
> **부정** : 음탕, 지조 없음, 퇴폐적, 정욕, 욕정, 지배, 냉대

삶의 궁극적인 목표는 행복이다.

금성구가 나타내는 의미는 애정과 사랑 동정과 같이 관계에서 오는 즐거움과 아름다움을 나타내며 발달의 정도에 따라 대범함, 방탕함, 냉소함 같은 성향을 나타내기도 하는데, 이러한 성향은 금성구를 감싸고 있는 생명선의 반경에 따라 영향을 받게 되므로 생명선의 반경을 먼저 확인해야 한다.

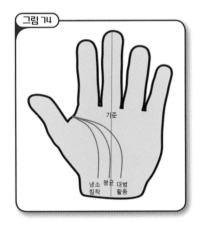

그림 74

그림 74 처럼 손의 중지를 기준으로 하여 기준선을 넘지 못하면 금성구의 반경이 작아지면서 금성구가 가진 성향보다 월구의 성질을 가지게 되어 생각이 많고 조용하며, 차분한 성격을 보이는데, 월구의 발달이 미약하면 냉소적이거나 소심한 사람이 될 수가 있다.

반대로 기준선을 넘어서 발달한 생명선

은 금성구의 힘이 강하게 발달한 사람으로 활동성, 열정, 애정, 동정 등 주도적인 성향이 강해 행동이 과해 보이거나 난폭해 보이는 수가 있다.

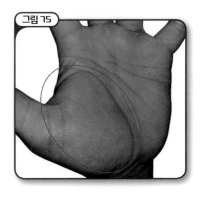
그림 75

그림 75 와 같이 금성구가 강하게 발달하면 금성구의 지배적인 성향을 나타내게 되는데, 감정 표현, 애정 표현, 사랑, 동정 등 모든 것이 격한 행동으로 매우 거칠어 보이며, 즐거움과 행복의 기준이 자신에게 맞춰진 배타적인 사람이라 볼 수 있다.

이렇게 금성구가 과도하게 발달된 사람은 타인을 배려하는 마음이 약하여 사람 상대하는 직업보다 몸을 써서 하는 격한 직업(액션 배우, 운동선수, 군인, 격투기 선수 등)을 찾아 많은 에너지를 방출해야 한다. 그렇지 못하다면 과격한 행동으로 인해 타인에게 피해를 주고 상처를 주는 사람이 된다.

반면 금성구가 지배적인 사람은 추진력과 열정이 매우 강하고 대범하기에 목표가 있다면 큰 꿈을 이루는 사람이 될 것이다.

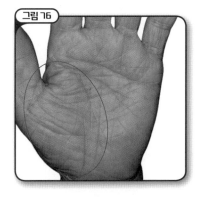
그림 76

그림 76 과 같이 금성구의 살이 물러보이고 쭈글쭈글하게 힘이 없어 보이면 무슨 일을 하더라도 의욕이 없는 모습을 보이며, 마음 씀씀이도 야박하고 차가운 사람이 많다. 금성구가 발달하지 않은 사람은 리더나 통솔하는 직업과는 어울리지 않는다.

차분하고 계획적으로 할 수 있는 직업으로 연구원, 변호사, 경영, 비즈니스, 회계와 같은 직업이 적합하다.

- 금성구와 월구 태양선의 3박자

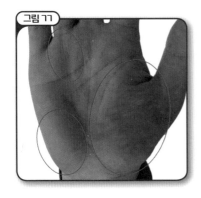

그림 77과 같이 적당한 금성구의 발달과 태양구의 강한 세로선이 2줄 이상이고 월구에 발달이 좋은 사람이라면 재능과 끼가 많고 애정과 사랑, 동정심과 배려심, 이타적인 사고가 강한 사람이다. 이러한 사람은 연예인, 서비스, 예술적인 방면의 직업과 유흥문화 종사자에게서도 흔히 목격된다.

이렇게 3박자가 골고루 발달한 사람은 양기가 강해 성적 욕구도 강하며, 향락적 기질이 강해 젊은 날에 흥청망청 즐기는 끼가 많은 사람이다.

그림 77과 같은 사람은 스스로가 잘 안 되는 것을 알면서도 절제하지 못하고 향락, 쾌락과 같은 기질들의 행위를 계속하게 되며, 자신을 자책하고 낙담만 하는 무능한 사람이 될 수가 있다. 이러한 사람은 절제하는 법을 배워야 하며 차분해지는 명상을 꼭 해야 한다. 만약 나태한 자신을 알아차리고 발전시킨다면 세상에 문화 충격을 줄 만한 값어치 있는 사람이 될 수 있다.

토성구

긍정 : 자아, 신중, 근면, 사려 깊음, 학식, 철학, 지혜
부정 : 염세적, 고독, 억압, 우울, 내성적, 유머 감각 없음

공자께서 말씀하셨다. 옛날에 공부하는 사람들은 자신의 수양을 위해서 했는데, 요즘 사람들은 다른 사람에게 인정받기 위해서 한다.

- 논어

공자는 토성인이 아닐까 생각해 본다. 토성인이라면 자신의 내면 관찰과 마음을 돌아보며 지혜를 사랑하는 사람이다.

토성의 기본적인 성향은 우울함과 고독이 묻어나고 나이가 들수록 신중함과 지혜가 무엇인지 깨닫는 사람이 많은데, 토성인은 열매처럼 익어야 제 색깔과 맛이 난다.

밝은 면과 어두운 면이 동시다발적으로 나타나는 묘한 특징을 지니고 있다. 또한 자신을 통찰하는 자아 성찰 능력이 뛰어나 그 한계치를 고통스럽게 깨닫거나 어떠한 신비나 영적인 탐구를 시작하는 사람도 많다.

7가지의 구(丘) 중 토성인이 가장 적고, 토성인이라 하더라도 구별하기가 어려운 게 사실이다. 그렇지만 그 사람의 손을 본 후에 성격을 관찰해보면 좀 더 명확하게 토성인이 맞는지 아닌지를 구분할 수가 있고, 구분하는 방법은 세 가지로 간단하다.

1) 손바닥의 구(丘) 중 목성구, 토성구, 태양구가 밋밋하게 평평해 보이고 검지, 약지, 소지가 중지를 향해 휘어 있으면 토성인이라 볼 수 있는 가장 큰 증거가 된다.
2) 토성인은 독특한 성격을 지니고 있는데, 사물을 바라보는 관점이 남들과 차이를 보이고, 농담하기에 불편함이 있고 나와 다른 4차원 같은 느낌도 많이 받는다.

3) 밖으로 풍기는 이미지가 만만하다, 편하다, 우습다 등의 느낌이 없고,
　대체적으로는 부정적인 견해를 많이 제시한다.

　앞의 세 가지가 충족된다면 그 사람은 토성의 성향을 강하게 지닌 사람이라
의심할 여지가 없을 것이다.

그림 78

　그림 78 과 같이 목성구부터 태양구
까지 평평한 모습이면 토성구의 발달이
강한 사람이라 할 수 있다. 토성구가 발달
한 사람은 초년, 중년, 노년의 삶에 대한
가치관이 하늘과 땅 차이라 할 만큼 큰 차
이를 보이는 파란이 심한 사람이 많다.

　젊어서는 소극적이고 내성적이며 무능
한 느낌을 주는 구제 불능인 사람이 많지만, 나이가 들수록 자기성찰이 강하고
신중함, 사려 깊음, 지혜, 배움에 대한 갈증 등이 있지만, 고독하거나 우울하
며, 염세적 또는 강박증, 불안장애 등 정신적인 문제를 자아내기도 한다. 철학
을 하는 사람들이라면 토성인으로 한 번쯤 의심해 볼 만하다. 철학자 중 지그문
트 프로이트나 아루투어 쇼펜하우어는 분명 토성인일 것이다.

　그림 79 와 같이 각 구들이 울퉁불퉁하거나 굴곡이 져 있다면 지극히 상식
적인 사람으로 근면 성실한 사람이라 할 수가 있지만, 단점으로는 계산적이며
물질에 대한 욕심이 많다. 토성구가 발달하지 않는 것이 인생에 이롭고 삶이 윤
택하다.

그림 79

토성구가 발달한 사람은 살아가면서 장애에 많이 부닥치며 사는데, 사람과 사물을 바라보는 시선이 독특하고, 주위의 눈치를 많이 보게 되고 자신감 없이 소극적인 모습을 보인다. 이는 스스로가 이상한 사람이라는 것을 느끼기 때문일 것이다.

토성구의 성향을 강하게 지닌 사람들이 자기성찰과 고뇌를 극복하지 못한다면 인생의 그 어떠한 것도 즐기지 못하고 평생을 고통 속에서 살아갈지 모른다.

보통 토성인은 중년 때까지 '나는 누구인가?'라는 질문을 자신에게 계속하며 살 것이다. 그러는 동안 삶은 엉망이 될 것이고 매일 같이 우울감에 시달리며, 잘 울기도 하고 취미도 사회활동도 사람을 만나는 것도 못 하는 무능하고 무책임한 이상한 사람으로 낙인찍힐지 모른다.

토성인은 주위 사람들이 자신을 바라보는 시선이 무섭기까지 한데, 이는 자기성찰이 뛰어나 자신의 나태함을 스스로 책망하고 자신을 억압하기 때문에 타인에게 비치는 시선이 두려운 것이다.

모든 구(丘)의 장점이 있듯이 토성구는 자기성찰이 아주 뛰어나지만, 이는 별로 좋지 않은 모습이라 할 수 있다.

만일 합리적이고 이성적인 자기성찰로 고뇌를 이겨내려는 의지가 있다면, 그 누구도 범접할 수 없는 지혜로운 사람, 유능한 리더, 독보적인 선생이 될 것이다.

토성은 만물의 중심이다. 토성구가 강하게 발달된 사람은 고독과 괴로움의 훈련 속에서 노련한 조련사가 될 것이며, 슬픔과 고통의 깊이에 따라 자신을 찬

란한 빛으로 인도할 것이다.

토성인들의 직업은 연구가, 교사, 사상가, 철학 등 삶에 교훈을 얻을 만한 가치 있는 사람이 많다.

- 토성의 고리

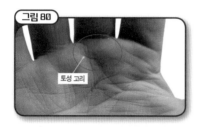

그림 80 과 같이 중지 아래에서 반원을 그리고 있는 것을 '토성의 고리'라 한다. 토성의 고리는 토성구의 성향을 한 층 더 강화하는 매우 좋지 않은 선인데, 토성구가 발달한 사람이 토성 고리까지 발달해 있다면 비관적인 사고와 비판만이 가득한 인생에서 벗어나기가 더욱더 힘들어지며 삶이 힘겹기만 할 것이다.

이는 수상학 중 가장 비운의 상이라 할 수도 있는데 인생관 자체가 비관적이고 자기만의 틀에 박힌 완고한 사람이기에 환경의 마찰에서 좌절만을 맛보게 될 것이다. 운명선(현실선)이 끊이지 않고 중지로 강하게 올라가야 하는데 토성 고리는 운명선을 막는 장애선이 된다.

운명선이 강하게 발달하지 않은 상태에서 토성 고리가 또렷이 나타나 있다면, '나는 어떠한 이념을 가지고 살아가는가?' 하는 질문을 해보아야 한다.

토성 고리를 지닌 사람이 토성구까지 발달해 있다면 매우 강한 특이한 성격과 충동성을 지녔을 가능성이 크다.

이러한 자신을 빨리 깨닫지 못한다면 인생에 그 무엇도 일궈내지 못하고 비운의 삶으로 생을 마감할지 모른다는 사실이다.

태양구

긍정 : 예술, 사교성, 열정, 감수성, 적응력, 매력, 재능, 외향적, 화려함, 창의성, 직감,
　　　　행복, 의지력
부정 : 허위, 사기, 낭비, 향락, 도박, 자기중심, 럭비공

태양구의 직업들을 보면 작가, 시인, 화가, 음악, 연예인 등의 직업이 많은
데, 공통적인 것은 감성과 즐거움을 선사하는 창의적인 사람들이다. 타인에게
즐거움을 준다는 것은 자신 또한 즐거움을 찾는 사람이기에 희열, 쾌락, 윤락,
도박 등 향락적인 기질을 많이 나타내기도 한다.

　태양구의 발달 정도에 따라 그 사람의 성격이 밝은지 어두운지를 알 수 있고
의지력, 자제력, 성격의 장단점을 본다.

그림81

　그림81 과 같이 태양구가 많이 발달
한 사람은 환경에 민감하게 반응하고 직
감력이 우수하며 사람들과의 사교성이
좋다.

　예술, 패션 등의 화려하고 아름다움을
동경하고 감수성이나 표현력이 뛰어나 주
위 사람들과의 사교와 친밀감이 좋으며,
태양인만의 매력에 끌린다.

　구(丘) 중에서 태양구가 발달하면 성공에 가장 가까운 사람일지 모른다. 태양
구에 태양선(인내선)이 강하게 발달해 있다면 자기절제와 의지가 강해 성공으
로 한층 더 가깝게 다가갈 수 있으며 명성과 명예도 따르는 가치 있는 사람이
될 것이다.

태양구가 발달하면 나태하고 향락적인 기질도 동반하기에 좋지 않은 모습도 보이게 된다. 구(丘)가 나타내는 좋은 의미와는 반대로 과하게 발달했을 때 흥청망청, 빈곤, 방정, 허위, 허식, 낭비, 도박 등 한탕주의 성질을 많이 갖기 때문에 자기절제와 의지가 없다면 노년의 고달픔은 모면하기 어려울 것이다.

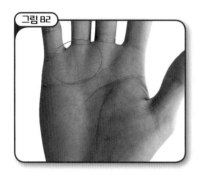

그림 82 는 구(丘)가 발달하지 않은 모습인데, 이러한 경우는 사람들과의 사교와 공감 능력이 떨어지고 자기도 무엇을 할 때 즐거움을 느끼는지, 어떠한 것이 자신과 맞는지를 도무지 알지 못하는 사람이다.

태양구가 발달하지 않은 사람은 대체로 내성적인 사람이 많으며 사람들과의 대화에서도 시큰둥한 표현을 잘하고 쌀쌀맞다.

내성적인 성격에 표현력도 부족하기에 주위에 사람들이 별로 없고 재물과 명예가 따를지언정 냉한 사람으로 즐기지 못하고 잘 웃지 않는 사람이다.

– 열정선

태양구의 가장 큰 장애는 '열정선'이다.

열정선은 '향락선', '비애선' 등으로 다양하게 불리고 있는데, 일반 장애선과 혼동하는 경우가 많다.

그림 83 에서 보듯이 두 개의 선은 생김새부터 분명히 다르다는 것을 알 수

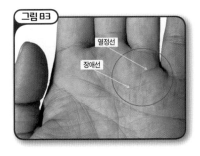

그림83

열정선

장애선

있다.

열정선은 약지와 소지 사이에서 굵게 발달하여 엄지 방향으로 대각선으로 내려가면서 가늘어지는 선을 말하며, 손바닥 안에서 독단적으로 발달해 있는 것은 장애선이다.

장애선은 환경에서 오는 외면적인 문제로 생기지만, 열정선은 지극히 자신의 감정적 사고에서 발생하는 내면적인 문제로 생긴다.

열정선은 참을성, 침착성, 자제력을 떨어뜨리고, 동물적 본능인 먹고, 자고, 하고 싶은 것이 강하게 나타나는데, 사람이 어떻게 하고 싶은 대로만 하고 살 수 있겠는가? 이 선은 감정과 이성의 경계를 나타내는 선으로, 감정적이고 신경질적이거나 스스로 절제되지 않는 의지박약 또는 행동 장애가 있는 사람들에게서 흔히 볼 수 있다.

열정선이 강한 사람은 자신의 감정을 숨기지 못하고 즉흥적으로 행동하는데, 여자의 경우는 충동 구매가 심하거나 혹하는 감정적 행동을 잘하며, 남자의 경우는 술과 여자에 탐닉하고. 절제하지 못하면 방탕한 삶의 비운을 나타낸다.

남자에게 이 선이 나타나 있는 경우는 이성과의 관계에 사건 사고를 유발하며 열정이 강한 만큼 빨리 식어버리고 또 다른 곳에서 열정을 보인다. 열정선이 발달해 있는 사람은 없는 사람에 비해 이혼 가능성이 크다.

열정선이 꼭 나쁜 의미만 있는 것은 아니다.

그림83 과 같이 깔끔하고 예리하며 길게 잘 발달된 사람은 매사에 열정적이고 책임감이 있으며 적극적이고 헌신적인 정신이 강한 사람이다. 다만 헌신

이란 자발적인 행동이므로, 과한 경우 자신의 욕구를 충족하는 것이 되기에 봉사에도 적당한 절제가 필요하다.

인간은 간사하고 간악한 존재이다

인간은 감정, 행동, 환경 등 다양한 요소에 영향을 받아 행동하면서 본능적인 기질을 보이는데, 적대감, 경쟁심 또는 자기 우월감으로 약자를 착취하려는 동물적인 본성을 가졌다. 이러한 행동은 자신을 보호하려는 생존경쟁에서 발로된 것이고 그 경쟁 속에서 자신의 이득을 차지하기 위해 간악한 행동을 서슴없이 저지른다.

사람은 돈, 권력, 명예 등 경제적인 이득을 위해서라면 선과 악이 카멜레온처럼 변하고 타인을 통제하려 하며 상처를 안겨주기도 하는데, 이러한 행동은 욕망이 크면 클수록 더욱더 강하게 나타난다. 부정직한 행동을 할 수밖에 없는 이유로는 집단사회에서 나타나는 현상으로 무시, 도태, 소외 등 무리에서 낙오되는 걸 두려워하기 때문이다. 그러다 보니 자신의 불안감과 두려움을 해소하기 위해 간사한 행동을 한다.

필자는 회사 운영 및 관리 직책에서 말단 사원까지 큰 파도를 거치며 혼란스럽게 살아왔지만, 필자의 처지가 바뀜에 따라 사람들의 행동이 정말이지 치가 떨리도록 간사하고 간악한 존재임을 뼈저리게 느낀다. 이와는 반대로 말단 사원일 때는 난폭하고 괴팍한 사람이었지만 관리자나 회사의 대표가 되어서는 매우 부드럽고 관대한 사람으로 변했다. 이에 대한 말을 덧붙이자면 사람은 직책이 있는 자리에서는 관대해지기는 쉽지만, 말단 사원이 관대해지기란 어려운 일이다. 사람이 사악하고 간악하다 하더라도 인간에게는 자비와 동정심, 협력과 공감, 도덕적 가치 등 긍정적인 측면이 있어 인종, 종교, 사회, 성장과 배경에 따라 가치관과 행동 양식을 갖추고 있어 간사하고 간악함은 때로는 타인에게 긍정적인 면을 부여할 수도 있을 것이다.

조조가 공대에게 말했다.
"예부터 간신은 충신 같고, 거짓은 진실 같지. 충의와 간악함은 겉으로 판단할 수가 없는 것이다."

– 《삼국지》

조조의 말처럼 간신과 충신, 충의와 간악함은 절대로 알 수가 없다.

제아무리 좋고 선한 눈을 가지고 있다고 한들 자신의 이익과 욕망을 위해서는 어떠한 행동도 할 수 있는 인간의 본능적인 성질이 있기 때문인데, 간사함과 간악함은 욕망이 커져 생기는 문제이니 인간은 모두가 욕망의 절제력을 길러야 한다.

욕망이란 기본적으로 느끼는 욕구나 필요성이 생길 때 그 욕구나 필요성을 충족시키기 위한 성질이 강하게 보이는 것을 말한다. 갈망은 욕구를 부르고, 욕구는 욕망이 되어 화를 불러오게 되는 것이다. 욕망은 일상에서 흔히 경험하는 것이지만, 욕망이 지나치게 강할 경우 타인에게 해를 끼치기도 하고 자신을 자멸시키기도 하기에 우리는 욕망을 제어하고 절제하는 조절능력을 길러야 한다.

4. 엄지손가락

엄지손가락 하나만 보고도 인간의 세 가지 요소인 본성, 본능, 본분을 알아볼 수가 있다.

본성 : 인간이 태어날 때부터 가지고 있는 기본 성격이나 성향

본능 : 인간이 생존하기 위한 본능적 반응이나 행동

본분 : 인간의 사회적 역할이나 책임 의무 등의 태도

수형학과 장선학을 엄지손가락을 보지 않고 판단하는 건 엄청난 오판으로 이어질 만큼 중요한 비중을 차지하고 있다. 예를 들어 장선이나 수형이 완벽하다 할지라도 엄지손가락이 짧고 못생겼다면 사고가 짧고 우둔하며 실수 연발에 폭군과 같은 성향을 보일지 모른다. 그만큼 엄지손가락은 중요하므로 그것을 세심하고 꼼꼼하게 살펴본다면 수형과 장선을 볼 필요가 없을 정도로 정확하게 알 수 있을 만큼 엄지손가락은 한 사람을 나타내는 본질을 그대로 보여주는 중요한 곳이다.

자아를 잃어버리면 엄지를 손으로 움켜쥔다. 그리고 사람이 죽을 때가 되면

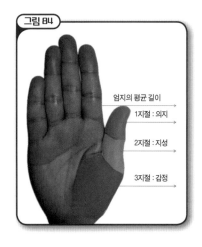

그림 84

엄지의 평균 길이

1지절 : 의지

2지절 : 지성

3지절 : 감정

엄지를 움켜쥔다고 한다. 아기들은 자기 의사가 또렷하기 전까지 엄지를 감싸 쥐는데 정서적으로 부모의 보살핌이 필요한 아이들에게서 엄지를 쥐고 있는 모습을 볼 수가 있다.

이처럼 상을 보는데 엄지손가락의 중요성을 꼭 유념하고 신중하게 여겨야 한다는 것을 명심하길 바란다.

엄지손가락의 마디는 세 마디로 나뉘는데 손가락 마디들을 지절이라 한다.

손가락 끝의 손톱이 있는 부분이 1지절, 중간이 2지절, 손바닥 엄지 아래쪽 볼록한 부분(금성구)이 3지절이 된다. 엄지의 길이는 검지 3번째 마디의 절반을 살짝 넘는 정도가 평균 길이다.

엄지를 보는 순서

1. 엄지의 길이
2. 1지절의 모양
3. 굵기
4. 마디의 간격
5. 엄지의 꺾임

이 다섯 가지를 유념해서 보도록 한다.

엄지의 길이

엄지의 길이는 그 사람의 품격을 보여준다. 엄지손가락이 긴 사람은 사고가 깊고 유연하며 무모한 행동을 하지 않는 사람임을 나타내는데, 보통의 여자에서 엄지가 길게 발달되어 있는 것을 볼 수 있으며, 엄지가 과도하게 길 경우는 생각이 많고 엉뚱하고 허위적이며 사람을 이용하고 꾀하는 경우가 많다.

반대로 엄지가 짧은 사람은 생각도 짧고 난폭하거나 우악스러운 사람이 많은데 보통 남자의 엄지가 짧은 편에 속한다.

1지절의 모양

손가락의 첫 번째 마디는 열 손가락 중 어느 한 손가락만 유독 특이하게 생긴 경우가 많은데, 그중에서 엄지는 생김새에 따라 외면적으로 보이는 성격이 바로 나타나게 된다.

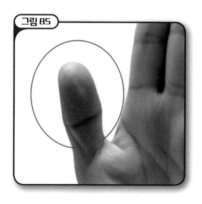

그림85 와 같이 끝이 둥근형을 하고 있으면 현실적, 의지력, 결단력, 도전, 투쟁심과 같은 강인하고 굳건한 성격을 지녔다.

하지만 둥근 형태가 완만한 곡선이 아닌 뭉툭하고 빵빵하게 부풀어 보이거나 직각을 이루는 것같이 모가나 보이면 고집이 세고 사납거나 완고하고 고지식한 사람이며 환경에 대한 수용성이 떨어지는 경우가 많다.

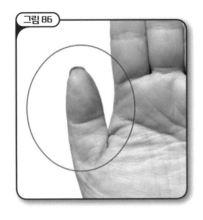

그림86 과 같이 끝으로 갈수록 뾰족해지는 모습을 하고 있으면 정신세계가 발달한 사람으로 감수성, 민감성, 신비주의적인 성향을 지니고 있으며 육감이 발달하여 타인의 마음을 읽어 낸다거나 예지력과 같은 특이한 재능을 지닌 사람이 많고 환경에의 적응력과 수용성이 강하다. 만약 이런 모양을 한 사람이라면 육체적 노동의 가치성이 떨어지기에 정신적 가치성을 키워야 한다.

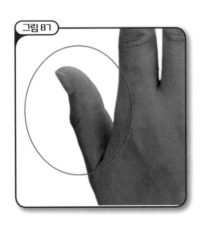

그림87 과 같이 엄지의 끝부분에 살집이 있으면 차분하고 침착하며 끈기, 지구력, 근성 등 삶의 질을 발전하는 데 좋은 성향을 미치지만, 과도한 발달은 화를 부르기도 하고 완고하다.

발달 정도에 따라 육체적 활동이 강해지고 거친 기구나 조각, 공예 등을 만드는 데 재주가 있는데, 과격한 운동선수들의 엄지가 크고 살집이 많다. 물질 · 육체 · 현실적 가치를 선호하는 타입이다.

그림88 처럼 끝으로 갈수록 뾰족해지는 모습을 하고 있으면 성급하고 감정적인 사람이 많으며, 보통 **그림86** 과 같은 모양을 동반한다. 그렇지만 **그림88** 처럼 엄지가 길게 발달한 경우는 환경에 대한 유연함과 융통성이 강하며 느슨하고 나태한 모습을 보이기도 하고 생각하기를 좋아하는 사람이 많

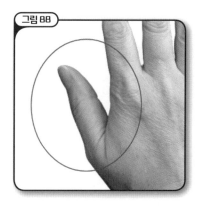

그림88

은데, 여자의 엄지가 보통 길게 발달한다. 정신적 가치를 선호하는 사람이다.

굵기

엄지의 굵기는 다른 손가락에 비해 약간 굵어 보이는 정도가 보통이지만 과도하게 굵어 보이는 사람은 자아정체성, 자기 우월감 등이 강하기 때문에 주변 환경과의 타협, 협심, 협업 등과는 거리가 먼 자기 주도적인 성격을 많이 나타내며 의심이 많은 사람이다. 엄지의 살집이 없어 보이고 앙상한 모습이면 예민, 까탈스러움, 신경질 등 민감함을 지녔거나 반대로 우둔하다.

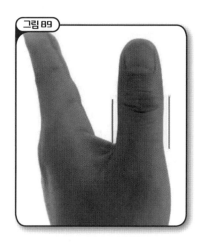

그림89

그림89 와 같이 엄지의 2지절 부분에 살집이 붙어 직선을 이룬 사람은 정직하고 건실하며 법을 잘 지키는 사람으로 생활습관도 규칙적이며 직관적인 사람으로 배우기를 좋아하는 사람이 많다. 2지절이 직선형을 하고 있는데 엄지가 굵기까지 하다면 완고하고 고리타분하며 수용성은 제로에 가까울지도 모른다.

그림90 처럼 2지절 구간이 곡선을 한 사람은 환경에의 수용성과 개방성이 강한 성격으로 서비스나 비즈니스와 같은 순발력 있는 직업이 잘 어울린다. 2

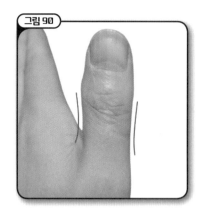

그림 90

지절이 잘록할수록 야비한 처세를 보이기도 하고 그림 86, 88 과 같이 나타나 있다면 이러한 성향은 더더욱 강하게 나타나고 예민하다.

마디의 간격

엄지의 마디를 구분하면 1지절 : 의지, 2지절 : 지성, 3지절 : 감정을 나타낸다(그림 84 참조).

1지절은 의지, 용기, 결단을 나타내며, 상단 화성구와 하단 화성구를 꼭 같이 보아야 한다. 1지절의 길이가 2지절에 비해서 길고 그림 85 와 같이 발달하여 있다면 자기만의 신념이 강한 사람이라 볼 수가 있으나 각 화성구들이 흐물흐물하고 힘이 없어 보이고 푹 꺼져 있다면 단순히 고집만 강한 사람일지 모른다. 반대로 화성구들이 볼록하고 탱탱한 모습을 하고 있으면 용기, 도전, 투쟁심, 결단력, 의지력과 같은 하고자 하는 것에 대한 근성이 뛰어나다.

2지절은 지성과 논리, 이성적 사고력을 지닌 사람이다. 2지절은 1지절과 비슷한 길이로 발달한 것이 이상적이라 할 수 있는데 1지절에 비해 길게 발달한 경우는 생각이 많고 완벽해지려는 성향이 강해지기 때문에 배우고 익히기만 하고 실행에 옮기는 데 오랜 시간이 걸린다.
반대로 짧으면 사고가 깊지 못하고 무모하며 배우기 싫어하고 성급하다.

3지절은 금성구로 감정적 사고를 나타낸다. 이곳은 길이와는 무관하고 두께나 살집으로 판단하며, 살집이 적당하게 볼록한 것이 가장 이상적인 것으로 애정과 사랑, 동정심, 건전한 사고 등을 나타낸다(118쪽 '금성구' 참조).

3지절이 과도하게 부풀어 **빵빵**하고 딱딱하다면 지배적이고 주도적인 성격으로, 가져야만 직성이 풀리고 욕정 또한 강하게 나타난다. 반대로 푹 꺼져 있거나 흐물흐물한 느낌을 준다면 동정심이나 애정 또는 기력이 약하며 매사 의욕이 없고 타인을 대할 때 냉소적이고 냉랭하다.

엄지의 꺾임

엄지의 꺾임 정도에 따라 환경에의 수용성을 알 수 있다. 주의 사항으로는 엄지손가락에 힘을 뺀 편안한 형태여야 한다.

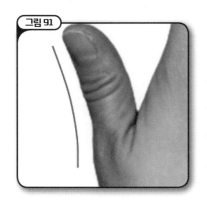

그림91 과 같이 유연한 곡선을 하고 있으면 환경을 수용하려는 사고를 지녔지만, 과도하게 젖혀지는 사람은 본질과는 다른 사고를 보이는 경우가 많은데, 예로 남자의 경우 의리를 강조하고 찾지만, 실상으로는 그렇지 않다. 남자가 뒤로 많이 젖혀지면 3지절이 유독 **빵빵**하게 살집이 부푼 걸 많이 목격한다. 이런 경우 수용적인 기질이 강해 윗사람들에게는 부드럽고 상냥하며 순종적인 이미지를 띠지만, 아랫사람에게는 자기 지배하에 모든 게 이뤄져야만 직성이 풀리는 성격일 가망성이 매우 크다. 덧붙이자면, 인생을 신뢰에 가치를 두는 것이지 의리에 가치를 두어선 삶에 엄청난 위험이 도사리게 된다.

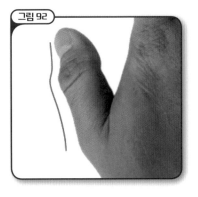

그림 92

그림 92 처럼 꺾인 엄지손가락은 완고한 성격의 소유자다. 타인의 의사를 받아들이지 못하며 억척스럽고 고집이 세다. **그림 85, 87, 89** 의 모습을 함께 가지고 있다면 이루 말할 수 없을 정도로 고리타분하고 말귀가 안 통하는 자기 신뢰가 매우 높은 사람일지 모른다. 하지만 이러한 사람은 신뢰가 아닌 진정한 의리가 무엇인지 알고 있을지도 모르겠다.

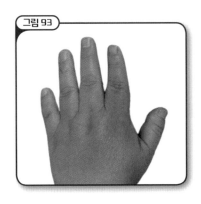

그림 93

그림 93 과 같이 엄지가 짧고 빵빵한 느낌을 주는 경우는 이기적이며 자기밖에 모르는 완고함을 나타낸다. 또한 이런 식으로 엄지뿐 아니라 손 전체가 통통하고 빵빵한 사람은 지극히 차분하고 조용한 경우가 많은데, 이러한 성격은 자기 우월감이 높아 남의 말에 개의치 않아 나타나는 행동이 아닐까 싶다. 자기 우월감이 좋기는 하지만 과하게 높은 것은 자존심이 강한 사람보다 못한 나쁜 정신적인 병이다.

....

엄지손가락을 보는 법은 일각에 불과한 것이라 말할 수 있다. 필자의 경험과 상담 사례를 토대로 보아도 매우 적중하는 경우가 많으며 엄지의 모습은 전체적인 형태를 잘 살피고 관찰해야 한다.

물질적 망령이 나를 고립시킨다

"적은 밖에 있는 것이 아니라 바로 내 안에 있었다. 나는 내게 거추장스러운 것을 모두 없애버렸고 나를 극복하는 그 순간 나는 칭기즈칸이 되었다."

– 칭기즈칸

사람들은 자신을 잘 안다고 쉽게 말한다. 만약 자신을 안다는 것이 그리 쉬운 일이었다면 서로가 맞물린 톱니바퀴처럼 세상은 순조롭게 돌아갈 것이다. 자신을 잘 안다는 것은 무언가에 관심이 있고, 어떠한 취미를 지녔으며, 어떠한 일을 잘하고, 어떠한 직업과 관심 분야 또는 자신에게 부족한 것은 무엇인지 배우고 익히며, 타인의 장점과 재능도 잘 알아차리며, 자신의 삶을 진보된 삶으로 발전시키기 위해 노력할 것임이 분명하다.

사람들은 왜 자신을 잘 안다고 생각하며 말할까? 사람들은 저마다의 삶에서 여러 가지 경험과 성취감을 느끼게 되는데, 이때 성공과 실패, 자신의 장점과 약점을 느끼고 그에 따른 대처법을 습득하기 때문에 누구보다 자신을 잘 안다고 착각하게 만든다. 또한 이러한 경험과 성취감은 자기 내면의 성장도 같이 발달하면서 자기 우월감이나 가치관을 높이 평가하기 때문일 것이다.

이러한 이유로 사람들은 자기 자신을 잘 안다고 말하는 게 아닌가 싶고, 이것은 주위의 다른 사람들과 환경에까지도 파생되는 것 같다.

왜 칭기즈칸의 말처럼 자신을 극복한다는 것이 그리 어려운 일인지 필자의 글을 읽어본 후 자신을 다시 한번 돌아보는 시간을 가져본다면 그리 나쁘지만은 않을 것 같다.

자신을 극복하기 힘든 이유로는 스트레스, 불안감, 자신에 대한 부정적인 이미지, 두려움 같은 것이 대표적일 것이다. 사람들은 새로운 것에 도전한다거나 불확실한 것에 모험한다는 것을 매우 불안해하고 두려워한다. 그것은 고스란히 심리적인 부담으로 다가오게 되는데, 이런 심리적인 부담은 자기 능력에 대한 추진력과 도전정신에 브레이크를 밟는 것과 같을 것이다.

이러한 불안과 두려움은 자신의 부정적인 사고를 길러 자기 능력을 과소평가하고 그 한계치를 낮추게 되며, 현실의 일상에서 흔히 월급쟁이 인생이 안정적이라 생각하고 월급을 많이 주는 회사, 돈을 많이 벌 수 있는 직업 등을 찾게 되면서 자기의 능력개발은 등한시하고 인생에 부채를 쌓아가는 모습을 보인다. 분명한 건 돈을 좇는 사람은 인생을 허비하는 부채를 남긴다.

물론 돈을 좇아 성공하는 사람도 있다. 이는 물질적 흐름에 대한 이해도가 높은, 재능이 뛰어난 사람에게나 가능한 일이다.

워런 버핏, 손정의와 같이 '투자의 달인'은 아무나 될 수가 없고, 아무리 가르쳐도 따라갈 수가 없는 이유가 우리에게 앞의 두 사람이 가진 재능이 없다는 것인데, 물질적 흐름 또는 물질적 이해는 배운다손 치더라도 물질에 대한 육감이 떨어지기 때문에 따라갈 수가 없는 것이다.

대한민국의 주식 투자의 달인 마하세븐의 한봉호 대표가 있다.

한봉호 대표는 100만 원으로 70억을 만든 사람으로 유명하며 주식 투자 대회에서 매번 1등을 한다고 한다. 그의 말에 따르면 주식은 자신과 성격이 잘 맞아야 성공할 수 있고, 6개월 정도를 해보고 안 되면 무조건 그 판을 떠나라고 하였다. 한봉호 대표의 말이 냉정하고 냉철하게 들릴지 모르겠지만 사실적인 직언이라 생각한다. 아무리 노력해 보아야 밑 빠진 독에 물 붓기가 될 것이다. 주위 동료들을 보아도 주식을 해서 매번 돈을 벌었다는 사람이 있는가 하면 주식만 하면 꼭 돈을 잃는 사람이 있다. 왜 그럴까? 그건 자신과 맞지 않는 행위를 택한 것과 같고, 물질적인 망령이 화를 불러 오기 때문이다.

필자는 코로나가 터지기 전인 2018년에 300만 원으로 주식을 시작하여 2023년 5년 동안 주식 잔 고가 1,000만 원을 조금 넘는다.

주위 사람들은 "그래서 언제 돈을 버느냐? 오래 걸린다." 등의 말이 많지만, 필자는 돈에 대한 개념이 없기에 무모한 짓을 하고 싶지 않은 것뿐더러 투자에 재능이 없기 때문이다. 또한 안전한 기업에 장기 투자하면 돈을 잃지 않는다는 것을 주식을 하면서 깨달았다.

이처럼 주식에서 참고해 보았듯이 사람은 제각기 가진 재능과 타고난 능력이 따로 있는 것인데, 사람들은 현실의 물질적 망령에서 벗어나질 못하고 물질에만 집중하고 있다. 돈, 돈, 돈이 나를 살려 주는가? 사람 낳고 돈 낳았다. 돈이 있어야 먹고 살 수 있는 것은 맞지만 돈이 없다고 죽는 것도 아니다. 다만 살면서 세상에서 누릴 수 있는 권한이 줄어 들뿐!

공자께서 말씀하셨다.

"부가 만약 추구해서 얻을 수 있는 것이라면 비록 채찍을 드는 천한 일이라도 나는 하겠다. 하지만 추구해서 얻을 수 없는 것이라면 내가 좋아하는 일을 하겠다."

– 논어

공자의 말처럼 제아무리 가지려 해도 가질 수 없는 것이 있다. 이것이 바로 자신을 알아차리고 극복하는 비결이며 삶의 무게를 내려놓을 수 있는 답이 될 것이다.

나를 안다는 것이 말은 쉽다, 하지만 그렇게 하기 위해서는 자신을 알아차리고 극복하는 데 엄청난 고통과 두려움, 불안감이 따라온다. 그 중 핵심적인 것은 물질적 망령이 가슴속 한구석에서 빠지지 않는다는 사실이다.

그렇지만 한 번쯤 인생에 짧게나마 물질적 망령에서 벗어나 두려움, 불안, 스트레스, 주위의 시선을 감수하고 자신이 좋아하고, 하고 싶은 것을 단 몇 개월간 만이라도 눈 질끈 감고 시도해 보자. 이러한 행동이 반복되다 보면 나도 모르게 자신의 본질을 서서히 찾아갈 것이다. 진정 자신이 하고 싶었던 일인지, 자신이 좋아하는 것인지 등에 대한 깨달음이 오는데, 이는 자신을 더욱더 견고하게 하고 발전된 삶으로 거듭나게 할 것이 분명하다. 더불어 자신이 좋아하는 일을 하면서 즐겁게 노년을 맞이하게 될 것이다.

5. 4개의 손가락

손가락의 생김새, 길이, 꺾임, 간격, 굵기 등으로 그 사람의 장점 또는 재능을 판단할 수 있다. 손가락의 마디는 손톱이 있는 곳의 마디가 1지절, 중간이 2지절, 손바닥과 만나는 곳이 3지절이다.

손가락의 성향은 손바닥의 언덕에서 많은 영향을 받기에 '3부 3. 손의 언덕'을 같이 보아야 한다. 손가락의 전체 길이가 길어 보이는 사람은 정신적인 세계관이 강하고 조급함이 없으며 행동보다는 생각이 우선시되는 사람이다. 손가락이 길면 길수록 계산적이고 이기적인 면과 느슨함을 지닌 경우가 많다. 손가락이 짧은 사람은 물질적인 세계관이 강하고 조급하며 생각보다 행동을 먼저 보이는 경향이 많으며, 짧으면 짧을수록 우악스럽거나 질투심과 경쟁심이 강하고 공격적인 성격에 자기 멋대로인 경우가 많다.

....

손가락의 모양을 잘 기억하고 익히도록 하자. '3부 2. 7가지의 손 모양'에서 설명한 특징들을 같이 대조하며 보는 게 좋다.

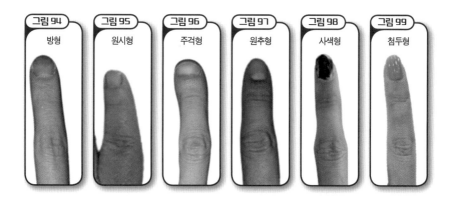

그림 94	그림 95	그림 96	그림 97	그림 98	그림 99
방형	원시형	주걱형	원추형	사색형	첨두형

검지

검지의 길이는 중지의 끝마디인 1지절 중간이 표준길이이며, 검지가 긴 사람은 자신감과 의지력이 강하고, 자아실현 욕구가 강하며, 우월감을 느끼고 있는데 길면 길수록 이기적이고 냉정하다.

표준길이보다 짧은 사람은 끈기가 약하고 책임감이 떨어지며 자신감이 없는 모습을 자주 보인다.

방형의 검지 : 성실하고 자신감과 책임감이 있으며 규율과 규칙을 잘 따르고 정직한 사람이 많다.

반면 고집이 세고 타인과의 공감 능력이 떨어지는 경우가 많으며 생각하고 바라보는 게 있다면 그 목표 하나만을 바라본다.

원시형의 검지 : 물질적 욕심의 극치를 달린다. 3지절이 굵고 끝으로 갈수록

뾰족해지는 삼각형의 모양을 하고 있으며, 3지절이 나타내는 성향은 먹고 싶다, 갖고 싶다, 과시하고 싶다 등 물질적인 욕심으로 돈, 사람, 물건 등 모든 것을 소유해야만 직성이 풀리는 성격으로, 오만과 자만으로 가득한데, 보통은 검지의 3지절이 조금 굵게 발달하지만 과도하게 발달하면 좋지 않다.

1지절은 정신적 세계관이 강함을 나타낸다. 이곳이 긴 사람은 유연하고 융통성이 있으며 화합과 협동심이 있고, 짧은 사람은 환경을 받아들이는 데 어려움을 느끼며 판단의 오류를 많이 범한다. 1지절이 발달한 사람은 명예와 권위에 대한 갈망이 크다.

2지절은 현실·실리·이성적인 사고가 강하기에 이곳이 긴 사람은 모든 일에 계획적이고, 뚜렷한 사고, 끈기, 근성, 야심, 향상심이 크다. 반대로 짧은 사람은 끈기가 부족하고 현실성이 떨어지는 경우가 많다.

3지절은 물질적인 기질을 나타낸다. 돈, 사람, 물건을 나타내며, 이곳이 길고 굵으면 권력 욕구가 매우 강하고 모든 것을 지배하려 든다. 반대로 짧고 빈약하면 꿈도 야망도 없으며 소극적인 사람이다.

그림100

그림100 과 같이 손을 옆에서 볼 때 다른 손가락 끝에 비해 검지가 둥근 사람이 있는가 하면 칼과 같이 날카로운 사람이 있다.

검지의 1지절이 **그림100** 과 같이 날카로운 모양을 하고 있으면 이상주의적이며 공상가의 기질도 많이 나타내고 정신적인 사고가 많이 발달한 사람으로 예술적 기질이나 음악, 악기다루는 것에 어려움이 많을 수 있다.

그림100과 같은 1지절의 모양이 뾰족하게 생긴 사람은 무엇을 좋아하고, 어떠한 일을 할 때 즐거움이 있는지 마음속 깊이 고민하고 생각하며 느껴보아야 한다. 그 이유는 책임감이 떨어지고 느슨하며 나태함이 있고 환경에 어려움을 느끼면 도피하는 경향도 보이기 때문이다. 이러한 문제가 야기되는 건 인간사 모두가 마찬가지겠지만, 검지가 뾰족한 사람은 보통 사람보다 더 나아가 현실의 물질적 망령이 자신을 고립시킨다고 느끼거나 현실, 현재, 대인관계까지 이질감을 느끼는 경우가 많다.

　장점이라면 한 무리의 리더나 명예, 권위 등 공존 관계에서 유연하고 독특한 사고의 이념을 지닌 경우가 많아 양보심, 이타심, 배려심 등 타인에게 이로운 성격을 지닌 경우가 많다. 즉, 이상적인 미래를 꿈꾸는 사람이라 할 수 있다. 그 반대는 매우 우유부단한 성격을 보인다.

그림101

그림101과 같이 검지만 떨어져 있다면 향상심과 환경에 대한 지배 욕구가 매우 강하게 나타나는데, 목성구의 성향이 강조되는 것으로 독립적이고 자기 우월감이 강하기에 자신의 의견이나 생각을 신뢰하며 책임감이 매우 뛰어난 사람으로 생각이 현실화가 될 가능성이 높은 사람이다.

그림102와 같이 검지가 중지로 붙어있다면 향상심, 도전정신, 모험과 같은

그림102

무모함을 싫어하고 환경에의 지배를 잘 받는다.

차분하고 조용한 성격이 많고 신중하며 의심이 많은 사람으로 결정하는 데 시간이 오래 걸리는 사람이다.

토성구의 영향을 많이 받기 때문에 섬세함, 조심성, 차분함 등은 있을지 모르지만, 염세적, 예민함, 신경질과 같은 좋지 않은 모습도 있다.

중지

> **중지** : 자아, 사고방식, 분별력, 세심함 등 차분하고 신중하며 내면의 우울감, 고독, 예민함 등과 변덕을 볼 수 있다.

중지는 자기 자신을 나타내는 손가락으로 다른 손가락에 비해 가장 길며, 평균 길이는 검지 손톱의 끝부분이 중지 손톱의 시작 부분에 닿는 정도인데, 비율보다 긴 사람은 차분하고 조용한 성격을 보이며 섬세하고 세심하다. 손의 비율에 비해 너무 긴 경우에는 자기만의 자아가 강하게 나타나 독립적이거나 고독을 즐기며 염세적인 사람일 수 있다.

반대로 짧은 경우에는 배우기를 싫어하고 경솔한 사람인 경우가 많다. 손가락의 길이 비율은 '3부 6. 손의 비율 재는 법'에서 참고하기를 바란다.

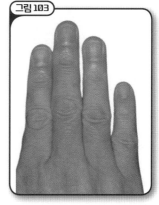
그림103

그림103 과 같이 중지는 반듯하게 직선형을 하는 것이 가장 이상적이며 사고와 현명함,

지혜, 차분함, 사교 등 교감에 가장 이상적인 모습이라 할 수 있지만, 의외로 중지가 반듯한 경우가 드물다.

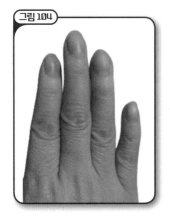

그림104 처럼 중지가 검지를 바라보면 이때 중지는 검지의 성향을 지니게 된다. 이는 개척, 주도, 현실, 실행 등 능동적인 사람으로 객관적인 사고력이 강해 어떠한 환경에도 지배를 받지 않는다.

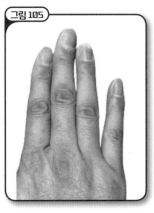

그림105 처럼 약지로 휘어져 있는 경우가 상당히 많다.

중지가 약지를 바라보는 사람은 태양구의 성질을 지니게 되는데, 사교, 말주변, 공감 능력 등 끼가 발달되는 경우와 타인과의 교류에서 말과 행동에 솔직하지 않고 거짓됨이 있다. 자신에게조차도 솔직하지 못하거나 환경, 타인의 눈치를 보고 사는 경우가 많으며, 항상 우울해 보이거나 예민하고 과민반응을 보인다.

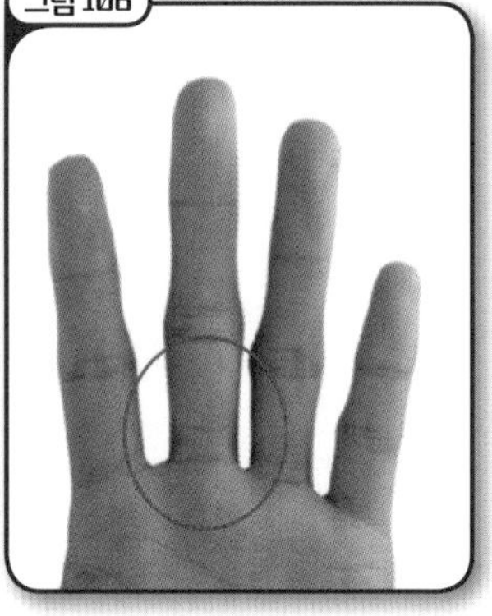

그림106 과 같이 3지절 부분이 살집 없이

잘록하면 지식적 욕구가 강해 배우길 좋아하고 철학적 사상가 기질을 많이 가진다. 신경질적인 사람이 많고 날카롭고 예민하며 잘 웃지 않거나 냉소적인 느낌을 많이 풍긴다.

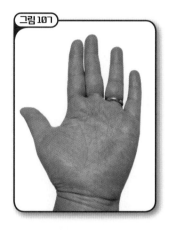

그림107

그림107 과 같이 중지가 검지 쪽으로 붙어 있는 사람은 목성구의 독립적이고 구속이나 얽매이기를 싫어하는 성격을 가지게 된다. 자유분방하며 환경에 지배되거나 억압이 온다면 도피하려는 성향이 강하게 나타난다. 장점으로는 공격적이기보다 처세술이 좋고 어울리기 좋아하는 명랑한 사람이다.

방형의 중지 : 철두철미하고 깐깐하다. 타협이 없는 사람일 수도 있으며 완고하고 고지식하며 융통성이 떨어진다.

첨두형의 중지 : 융통성이나 수용성이 강하다. 자제력이 떨어지고 끈기가 약하며 느슨한 성격을 보이기도 하지만, 직감력이나 환경의 변화에 빨리 적응한다. 보통 여자의 손이 중지가 첨두형으로 생기면 곱고 예쁜 손으로 보이는 특징을 가지고 있다.

그림108 과 같이 검지, 약지, 소지가 중지를 바라보고 있다면 백발백중 토성인이다. 토성구의 확인이 어려움에도 불구하고 손의 모양이 이러하다면 의심할 여지가 없으며 특이한 기질이 강하게 발산된다. 사고방식부터 대외적으로 보여주는 모습 또는 내면의 자아 환경을 바라보는 시선도 다를 것이며, 느끼는

그림108

감정이나 감수성도 풍부하고 우울하고 염세적이며, 유머도 없고 진지하기까지 하다.

토성인은 자신의 잠재의식을 깨우치지 못하고 배움을 게을리한다면 인생을 늘 고통 속에서만 살게 될 것이다. 하지만 깨달음과 배움을 벗으로 삼는다면 명예와 권위가 따를 것이다.

약지

약지 : 대외적으로 보여주는 활동성, 대인관계 또는 예체능을 볼 수가 있으며 창의성, 독창성, 대범함, 희열과 쾌락을 본다.

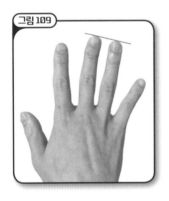

그림109

약지 손가락의 길이는 중지의 1지절 중간보다 살짝 위가 평균인데, 그림109 처럼 평균 이상일 때는 활동성이 강하고 예체능 쪽으로 발달하였을 가능성이 크다.

창의성과 독창성이 있어 특이하고 새로운 것을 찾는 것을 좋아하는데, 약지가 길면 길수록 저축과는 거리가 멀고 소비나 도박 또는 쾌락과 희열 등 향락에 빠지는 수가 많으며 보통은 남자의 손가락이 평균 길이보다 길게 발달해 있다.

그림109 의 경우는 모두가 방형의 손으로 약지까지 길어 활동성, 체력, 근면, 추진력, 에너지 등 좋은 성격과 성향을 지닌다.

반대로 방형의 손인데 약지가 짧으면 성실하고 건실하긴 하지만 답답함을 많이 내재하고 있다.

약지가 짧게 발달하면 매사에 의욕이 없고 활동성도 약하며, 짧으면 짧을수록 포부, 꿈, 희망과 같은 갈망이 줄어든다

그림110 과 같이 2지절이 직선의 반듯한 모양을 하고 있다면 금전 관리나 계획성이 뛰어나고 대인관계도 좋다. 논리적인 사고가 강하게 발달한 지극히 물질적인 사람이다.

그림111 과 같이 2지절이 잘록하게 발달한 걸 자주 목격할 수 있는데, 이런 경우는 금전 관리가 잘 안 되며 활동성, 즐거움 등의 사교를 좋아한다. 마음 씀씀이가 헤프고 재능이 많다.

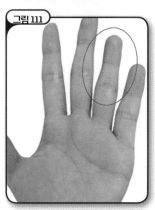

방형의 손가락 : 방형의 손가락은 차분하고 논리적이며 끈기가 있어 목표달성에 최고 적합한 손가락이다. 무언가를 배우는 데 있어 집요하고 근성 있다.

첨두형의 손가락 : **그림111** 의 모양처럼 발달하는 경우가 많은데, 교감신경이 발달하고 민감하며 정신적 사고가 강하다.

중지의 1지절 중간 정도가 약지 길이의 평균이지만 그를 넘어서 발달한 사람

은 예술적 감각, 색감, 감수성, 운동신경 등이 발달하였으며 직감력이 뛰어나고 환경변화에 민감하며, 길면 길수록 즐거움과 쾌락, 희열 등을 좋아한다.

반면 짧으면 단순 소비가 심하고 실속을 챙기지 못한다.

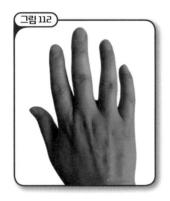

그림112 와 같이 약지가 중지로 휘어져 있으면 느슨하고 생각이 많으며 공상 기질이 강하다. 창의적이고 이색적으로 새로운 아이디어 창출을 잘한다. 향락적 기질이 강하며 허위, 가식, 도박을 좋아하고 경제적인 관념과는 거리가 먼 사람이 많다.

반대로 사회활동보다는 조용하고 안락하게 혼자 있는 걸 좋아하기도 한다.

....

약지는 어느 쪽으로든 꺾이지 않는 게 바람직하다. 그래야 재무관리, 대인관계가 원만하고 정신이 건강하다.

소지(새끼손가락)

소지 : 지식적이고 상식적으로 똑똑하고 현명함을 볼 수 있으며 언변, 사업이나 상업적 재능 또는 허위나 사기성 등을 본다.

소지는 다른 손가락에 비해 길이나 생김새를 한눈에 알아볼 수 있는 쉬운 손가락이다. 소지의 평균 길이는 약지의 1지절에 닿을 듯 말 듯 한 정도인데, 이보다 길면 표현력이나 말재주가 좋아 장사, 강사, 매니저 등 서비스업 종사에

능하다.

　반면 너무 길면 허위적인 모습을 많이 가지게 되므로 사기성이 짙어진다. 소지가 평균보다 짧은 사람은 눈치가 빠르고 대처 능력이 좋지만, 표현이나 말하는 게 둔탁한 사람이 많으며, 환경에 지배당하거나 포부와 배짱이 약하고 리더의 자질이 없다.

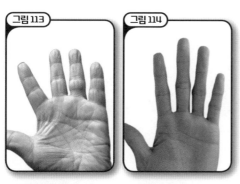

　그림113과 같이 소지가 굵은 사람은 느긋하고 차분하니 논리적인 사고가 강하게 발달하고, **그림114**처럼 얇게 발달한 사람은 예민하고 신경질적이며 감정적인 사고가 발달되어 있다.

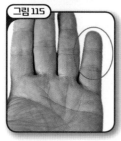 

　그림115와 같이 소지의 끝이 둥글면 계획 · 현실 · 체계적 사고가 강해 틀에 박힌 고리타분함이 많고 건실하다. **그림116**처럼 끝이 뾰족한 경우는 환경에 민감하고 예민함, 수용성, 말재주 등 대인관계에 탁월한 유연한 사람이다.

　방형의 손가락 : 손가락 끝이 둥글고 뭉툭하면 방형의 손가락으로, 현실주의적이며 물질적이다. 사업, 세무, 회계, 연구, 기획자 등 계획적인 일을 잘하지만, 수용성이 있어야 하는 서비스나 비즈니스 같은 일에는 어둡다.

첨두형의 손가락 : 길이는 평균 길이보다 길고 얇다. 환경에 민감하며 서비스, 상업, 교사, 코치 등의 직업에 잘 맞으며, 사업적 규모가 큰일에는 다소 무리가 있다.

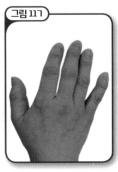

그림117 처럼 소지의 1지절이 꺾여 약지를 바라보는 사람은 머리가 비상하고 똑똑한 사람이 많으며 문제해결 능력이 좋고 박학다식하다.

그림118 과 같이 소지가 유독 짧은 사람은 음성적인 성격을 지닌 경우가 많고 조용하다. 선천적으로 밀가루와 맞지 않고 소화 기능, 위장장애가 있는 사람이 많은데, 표현력이 약하고 예민한 성격 때문에 더욱더 이런 증상이 나타나는 게 아닌가 싶다. 약간의 강압, 억압과 같은 강한 성질을 가진 환경조성이라면 위축됨이 심하다.

6. 손의 비율 재는 법

손의 비율을 재어 보았을 때 1:1:1의 비율이 가장 이상적이며, 생각과 행동력의 언행일치가 되는 모습이라 할 수 있다.

1:1:1이란 세 군데의 길이가 모두 똑같은 것을 말한다.

손의 비율을 재는 방법은 문방구에서 파는 일반 자로 재는 것이 가능하기에 한 번 따라 재어 보고 자신의 성격과 잘 맞는지 체크해 보도록 하자.

준비물은 일반 자 1개와 체크할 펜을 준비한다.

재는 순서

1) 손가락 중지의 길이

그림119

그림119 와 같이 가장 먼저 중지의 길이를 쟀을 때 숫자를 기억한다. 예) 사진처럼 7cm가 나왔다면 다른 부위도 7인지 확인해 보자.

ㄹ) 손바닥과 손가락이 만나는 부분의 검지부터 소지까지의 길이

그림 120

검지 끝부터 소지 끝까지 쟀을 때 7cm가 나오면 이상적이라 볼 수 있다. 그렇지만, 7cm보다 짧을 경우는 신경질적이거나 예민, 까탈, 소심함 등 민감한 성질을 나타내며 짧으면 짧을수록 성질은 강해진다. 보통 여자의 손이 폭이 좁고 손가락이 길다.

반면 7cm보다 넓으면 우유부단하거나 둔감, 행동, 대범함, 능청스러움 등의 성질을 가진다. 폭이 넓으면 넓을수록 이러한 성질은 더 강해지는데 보통 남자의 손이 폭이 넓고 사고를 치고도 언제 그랬냐는 식으로 능청스럽다.

3) 손바닥과 손목이 만나는 주름의 첫 번째 선에서 2.5cm 체크

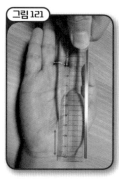

그림 121

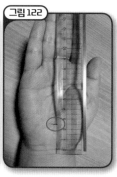

그림 122

그림 121 처럼 첫 번째 손목선에서 손바닥으로 2.5cm를 그림 122 처럼 표시한다.

ㅂ) 3번의 체크에서 손바닥과 손가락이 만나는 지점까지의 길이

2.5cm를 표시했다면 그림 123 과 같이 손바닥과 손가락이 만나는 지점까

그림 123

지 재어 본다.

손바닥의 길이가 7cm보다 짧으면 사고가 발달한 사람으로 생각이 깊어 행동으로 옮기기 전에 오목조목 따지거나 이론적이고 계획적이다. 짧으면 짧을수록 생각만 많고 실천이 없는 사람이 될 수 있다. 7cm보다 길면 길수록 생각보다 행동력이 강해진다.

• 보통 여자의 손이 손가락은 길며 손바닥 폭이 좁고 손바닥의 길이가 짧다. 행동하기 전에 생각이 많고 계획을 잡는 스타일이지만, 예민하고 민감하며 까탈스럽다.

• 보통의 남자가 손가락이 짧고 손바닥의 면적이 넓으며 손바닥의 길이가 길다. 손의 이러한 모양 탓에 무모한 장사나 사업 등 환경을 개척하는 데 한몫하기도 하지만, 사고뭉치가 되는 건 시간문제다.

7. 가로 삼대선

장선(손바닥의 선 : 손금)을 보는 데 있어서 가장 중요한 것은 가로 삼대선이며 성격과 추구하는 방향성을 알아보는 척도이다.

가로 삼대선은 생명선, 두뇌선, 감정선으로 손바닥을 들여다볼 때 가장 먼저 한눈에 들어오는 3개의 선이며, 이 3개의 선 중 어느 하나라도 발달이 잘 안 되어있다면 삶이 그리 순탄치만은 않을 것이다.

삼대선의 발달이 약하거나 강한 것에 따라 삶의 방향성과 질이 완전히 달라지는데, 이는 자동차의 엔진과 같다. 엔진에 따라서 스포츠카 또는 SUV, 세단, 덤프 등으로 구분되고 그에 맞는 능력이 있지 않은가? 또한 SUV가 세단이나 스포츠카가 될 수 없지 않은가? 이처럼 엔진의 능력을 손바닥의 삼대선이 알려주고 있기에 그 능력을 알고 싶다면 가로 삼대선을 주목해 보자.

가로 삼대선이 각각 나타내는 성격은 아래와 같다.

생명선 : 활력, 패기, 열정, 근성

두뇌선 : 의지, 결단, 판단, 사고

감정선 : 성격, 애정, 동정, 감정

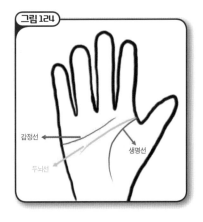

그림 124

감정선
생명선
두뇌선

생명선이 좋지 않다면 운동과 식습관 또는 일상의 패턴을 바꾸어 변화시킬 수 있으며, 생명선이 선명해지고 좋은 빛깔을 나타내게 되면 사고가 분명해지기에 두뇌선 또한 좋아질 것이지만, 만일 생활 양식이 또렷하지 못하다면 두뇌선 또한 흐리거나 끊기고 덧칠되는 모습을 보일 것이다. 대인관계와 사회에 비치는 모습은 어떠한지에 대한 것은 감정선을 통해 살펴볼 수 있다.

가로 삼대선 중 가장 중요한 것이 '두뇌선'이다. 생명선과 감정선이 잘 발달되어 있다 하더라도 두뇌선이 흐리거나 덧칠되고 잘려져 있다면 삶이 온전하다 볼 수 없다.

• 두뇌선의 발달이 온전치 못하면 끈기가 없고 싫증을 빨리 느끼며 의지력과 결단력 등 인생길을 힘차게 박차고 나갈 능력이 부족하다는 것을 의미한다.
• 두뇌선과 생명선이 좋지만, 감정선이 온전하지 않다면 타인과의 감정교감이나 자신의 매력 발산이 어려우며 인색하든지 차갑고 매정하다.
• 가로 3대선이 모두 흐리거나 좋지 않은 모습이라면 삶의 의욕이 떨어지고 신경질적이며 민감할 수도 있으며 냉소적인 사람이 많다.

이처럼 가로 삼대선은 그 사람의 성격, 건강, 대인관계, 활동성, 의지력, 세상을 바라보는 관점 등을 보는 도구일 뿐인데, 안타깝게 현실은 그렇지 못하다. 손금 상담을 받다 보면 가장 많이 받는 질문이 "재물복은 있는가?", "나는 장수하나?", "단명하나?", "자식 복은 있는가?", "미래에 돈을 많이 벌 수가 있는가?", "땅을 사도 되는가?" 하는 질문들이다. 꼭 알아 둘 것은 손금을 본다고 자식, 돈 이런 것은 볼 수 없다. 다만 손금의 기세를 읽고 미래 삶의 질을 예측해 볼 수는 있다. 하지만 단지 미약한 예측일 뿐 심심풀이로 보는 이천 원짜리 길거리 상담에 지나지 않다고 생각한다.

살아가면서 생각, 생활 습관, 삶의 패턴, 삶의 질, 추구하는 방향성 등 어떻게 살아가는지에 따라 손금이 변한다는 걸 사진으로 십여 년을 찍어오면서 깨달은 정보를 공유해 보고자 한다. 그렇기에 우선 필자의 장선 변화부터 보도록 하자.

필자의 손이다.

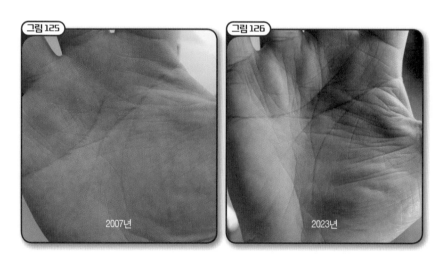

앞의 두 사진의 장선이 한 사람의 손이라고는 보기 어려울 정도로 많은 변화가 생겼다. 필자가 수상을 공부하게 된 동기도 참 재미난 사연에서 연유되었

고, 그것이 나를 변화시키게 했다.

2007년 당시 어느 방송 프로그램에서 돈도 못 벌고, 성공할 수도 없고, 잘 살 수 없는 손금이라며 손금 풀이를 하고 있었는데, 내 손금을 들여다보는 순간 딱 그런 손이었다. 성공이라는 갈망이 하늘 높은지 모르고 솟구치는 나의 가슴에 불을 질렀고, 그 찰나 화가 나서 난 이런 허구적인 것을 증명해 보일 거라고 찍었던 첫 사진이다(　그림125　).

이런 손금도 성공한다는 걸 증명해 보이고 싶었던 것인데, 성장을 하면서 보니 이상하게 손금이 변하는 게 아니겠는가? 그렇게 시작된 손금에의 관심이 날 수상가로 만들었다(변화한 2023년, 　그림126　).

• 이제부터 각 장선들의 명칭과 특징 그리고 손금의 변화까지 하나하나 알아 가 보도록 하자.

생명선

> 활력, 패기, 열정, 근성

필자가 수상 공부를 하면서 매번 느끼는 것인데, 이것이 왜 생명선이란 이름이 붙었는지 의문이다. 생명선이란 단어가 꼭 수명을 나타내는 듯 찜찜한 생각이 들게 만들기 때문이다. 손금의 나이로는 30대 중반의 나이쯤부터 생명선이 사라졌던 분이 있었는데 그는 이미 50살을 훌쩍 넘은 나이였다. 이뿐만 아니라 내담자들의 손금을 볼 때 종종 짧은 사람들이 보이는데 오히려 그 나이에 더 건강해 보이고 식욕과 소화 기능 등이 좋았으며, 생명과는 아무런 상관이 없는 듯

했다. 하여 생명선과 기타 선들의 모습을 보고 사망 시기를 예측한다는 건 신에 대한 모독이라 생각한다.

손금의 유년법은 예측 나이 전후 5년을 잡는데 이것은 노년기로 접어든 55세 이후로는 매우 큰 폭으로 작용하게 된다. 따라서 생명선을 보고 수명을 예측한다는 건 옳은 수상법이 아니다.

생명선의 길이, 폭, 굵기 등의 발달 정도는 그 사람의 활동성, 에너지, 체질, 건강과 같은 신체 리듬을 말하며, 보통의 생명선이 빠르면 50살쯤 넘어가는 시점부터 잘리거나 흐려지는 등 좋지 않은 모습을 하는 경우가 많은데, 이는 노년기의 신체기능과 면역력 등이 떨어지면서 그러한 모습을 나타내고 있다.

그 시작점이 빠르다면 자신의 건강증진에 힘을 써야 할 것이고 이러한 행동이 곧 자기계발의 원천이 되는 것이다.

우선 생명선을 보기 위해 유년법을 알아보도록 하자.

– 생명선의 유년법

필자는 유년법을 재기 위해 수많은 공부와 방법을 동원해보아도 이보다 정확한 방법을 찾지 못하였다.

서양이나 아시아에서의 유년법 모두가 다양하고 어떠한 것이 정답인지는 모르겠지만, 필자가 보는 생명선 유년법을 제시해 보도록 하겠다.

그림 127

생 명 선 은 　그림 124　를 　참 고 하 길　 바 란 다. 그림 127 과 같이 자로 생명선의 시작 지점에서(손바닥을 펴고 정면에서 보이는 엄지와 검지 사이) 손목의 중간을 기준으로 손목 금의 첫 번째 금까지의 길이를 잰다.

예를 들어 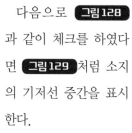 처럼 8.4cm가 나왔다면 그림128 과 같이 반을 나누어 중간을 표시한다.

다음으로 그림128 과 같이 체크를 하였다 면 그림129 처럼 소지 의 기저선 중간을 표시 한다.

그림129 까지 체크가 끝났다면 그림130 처럼 그림128 과 그림129 에서 표시한 곳을 자로 대고 생명선과 자가 만나는 지점을 표시한다.

그림130 처럼 표시 한 부분을 나이 40살 기 준으로 잡으면 되며, 40 살을 기준하여 위쪽으로 1cm씩, 아래로 1cm씩 표 시해 나가면 유년법이 완성된다.

생명선의 유년법은 필자가 수많은 시행착오를 겪 으면서 연구 · 개발한 것으로 필자의 유년법을 쓰시 는 분들께서는 지혜롭게 사용해 주길 바란다.

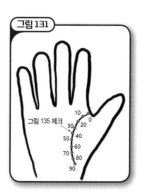

생명선을 보는 순서로는 가장 먼저 선의 반경이 넓은지 좁은지부터 보아야 한다.

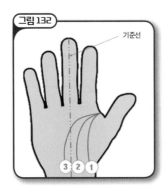

그림132

기준선

1. 반경이 작은 생명선
소극적, 약한 체질, 패기 약함

2. 기준선과 근접한 생명선
활력, 패기, 열정, 질병의 저항력

3. 기준선을 넘는 생명선
활동성, 패기, 도전심, 정력가

③②①

그림132 의 생명선 반경을 참고하면서 나의 생명선의 반경은 어떠한지 체크해 가며, 성격은 어떠한지 비교하면서 본다면 더욱더 수월하게 알아차릴 수 있을 것이다.

① 반경이 작은 생명선

소극적, 약한 체질, 패기 약함

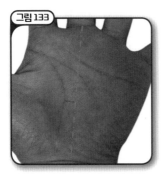

그림133

그림133 과 같이 생명선의 반경이 좁으면 차분하고 조용한 사람이 많으며 나서거나 무모함, 과격함 등을 별로 좋아하지 않는 경우가 많다.

생명선이 좁다고 해서 소심한 건 아니고 단지 외향인지 내향인지 차이일 뿐이다. 사고를 치기보다는 수습하는 쪽에 가깝다. 반경이 작은 생명선은 생각만 많고 실천이 떨어지며 삶을 개척하는 힘이 떨어지지만, 누군가의 보조역할이나 도움을 주는 직업이 적합하며, 팀의 리더나 주도하는 자가 된다면 열정과 패기가 약해 다소 어려움이 있고 냉소적인 모습을 많이 내재하고 있다. 타고난 체질이 약하고 신경이 예민하여 체하기를 잘하거나 수족냉증을 많이 동반한다.

② 기준선과 근접한 생명선

활력, 패기, 열정, 질병의 저항력

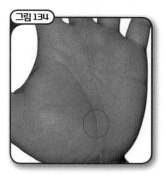
그림134

그림134 처럼 기준선에 가까울수록 열정과 활력 등 삶의 안정성에 가깝다. 생명선의 굵기, 색, 끊기지 않고 잘 발달한 선과 선명도에 따라 천차만별로 나타나겠지만 기본적으로는 삶이 온전한 사람들에게서 많이 볼 수 있으며 행동에 무모함이 없다.

일에 있어 책임감이 있고 신체 리듬, 식욕, 소화 기능과 같은 물질대사가 좋아 폭식가가 많다.

생명선의 가장 이상적인 발달이라 할 수 있겠지만 두뇌선의 발달을 꼭 같이 보아야 하는데, **그림134** 와 같이 두뇌선이 독립적 두뇌선으로 과하게 생명선과 떨어져 있으면 '③ 기준선을 넘는 생명선'과 별반 다를 게 없다.

③ 기준선을 넘는 생명선

활동성, 패기, 도전, 정력가

 처럼 기준선을 넘어 발달한 사람은 패기와 열정을 넘어 무모한 실천을 많이 한다. 호기심이 강하고 활동성도 매우 뛰어나다 보니 생각하는 그 즉시 실행에 옮기고 대범하며 새로운 환경에 적응력도 뛰어나다.

리더, 운동선수, 활동성이 강한 직업에서 많이 볼 수 있으며 깐깐하기보다 투박, 덤벙댐, 어수선, 분주함 등 차분하지 못한 모습을 자주 보인다.

체력, 신체 건강, 소화 기능이 좋아 폭식을 즐기고, 술 또한 매우 잘 마시는 사람이 많으며, 간 해독이 잘 되어 피로 해소도 빠르다.

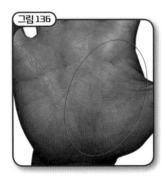

 과 같이 생명선이 흐리고 덧칠되어 있으면 열정이 약하고 끈기가 없다.

생명선의 색은 연한 갈색이나 짙은 분홍색을 띠는 것이 좋은데, 창백함을 보일 때는 의지도 약해 인생관에 계획, 실행 등 삶의 뚜렷함도 없고 냉소적이다.

생명선이 흐트러지면 대체로 두뇌선도 같이 흐트러진 경우가 많은데, 사리분별력이 떨어지고 신경계통 또는 소화기계통의 몸에 신진대사와 물질대사가 원활하지 못하다. 처럼 생명선의 안쪽으로 핏줄이 보일 정도가 되면 몸의 신진대사가 원활하지 않고 수족냉증이 있으며, 여성의 경우 생리불순 또는 호르몬 불균형을 보여주는 명백한 증거이다. 생명선이 창백하고 흐릿하거나 덧칠돼 잘려져 있으면 유산소 운동을 하는 게 바람직한데, 그 이유는 그 상태로라면 노년의 건강, 안정된 삶이 보장되지 않기 때문이다.

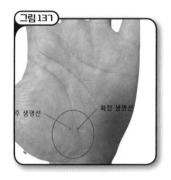
그림137

그림137 처럼 생명선에서 발달하여 월구 쪽으로 확장되는 선을 확장 생명선, 여행선이라 한다. 이 선을 가진 사람은 먼 타지로 나가 살던가 해외 운 또는 객사 타입, 영토 확장 등 여러 가지 말이 많지만, 단순 호기심, 모험심, 적응력, 도전정신과 같은 환경에 두려움이 없는 사람들에게서 많이 볼 수 있다. 확장하는 선의 발달이 월구 쪽으로 향하면 향할수록 그 성향은 더욱 강해진다.

·····

'생명선의 색'(선의 색은 모든 손금에 해당한다.)

연한 갈색 : 건강한 정신, 활동성

창백한 색 : 열정 없음, 차갑다. 냉정함, 소극적, 면역력 약함, 어두운 기운

빨간색 : 열정 과다, 몸의 열 많음, 저돌적, 충동적

노란색 : 간 기능 장애, 해독작용의 문제, 담즙분비 과다

청색, 보라색 : 물질대사 기능 약함, 혈액순환, 심장 기능 약화

두뇌선

의지력, 결단력, 판단력, 끈기

손금을 보는 데 가장 중요한 척도가 두뇌선이다. 기타 선들이 약하더라도 두

뇌선이 끊이지 않고 강하게 발달하여 있는 사람은 의사 표현과 분별력이 뛰어난 사람이라 할 정도로 중요한 선이며, 왼손은 우뇌 발달을, 오른손은 좌뇌 발달을 본다. 우뇌가 발달하면 공간지각 능력, 창의력, 5각 발달, 예체능 능력 우수, 발달하지 않으면 집중력 결핍, 발달 장애, 감정조절, 순발력 등 교감 능력에 문제가 있다. 좌뇌 발달의 영역으로는 언어, 분석, 논리, 수리 등 지식과 배움을 나타내며, 미발달하면 언어장애, 난독증, 기억력, 섬세하지 않음 등 배우기를 싫어하게 된다.

손금의 모든 선이 마찬가지겠지만 퍼지지 않고 깊고 예리해야 잘 발달된 선이라 할 수 있으며, 다른 선들에 비해 두뇌선이 좋고 나쁨에 많은 차이를 보인다. 깊고 선명한 두뇌선을 가진 사람은 노년이 되어서도 또렷한 정신력을 갖고 기억력도 좋다. 반대로 흐리거나 덧칠이 되는 등 좋지 않은 모습일 때는 판단력과 분별력이 떨어지고 신경이 좋지 않다.

- 두뇌선의 유년법

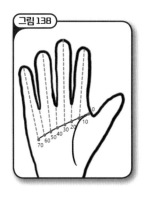

두뇌선의 유년법은 엄지와 검지 사이에서 두뇌선이 시작하는 곳부터 표시해 손가락과 손가락의 사이사이에 기준을 두어 재기에 큰 어려움이 없으니 **그림138** 을 참고하길 바란다.

두뇌선을 좀 더 쉽게 보는 방법으로는 세 가지로 간단하게 나눠서 보는 게 좋다.

두뇌선을 쉽게 보는 3가지 방법

① 선의 끝 모양

② 선의 방향

③ 선의 형태와 길이

① 선의 끝 모양

두뇌선의 끝 모양에 따라 분별력, 노련함, 민첩함, 우둔함 등의 사고력을 본다. 두뇌선의 끝 모양은 진해지거나 선명해지기는 하지만 모양새의 변화는 없다는 것을 알아 두어야 한다. 두뇌선의 끝도 마찬가지로 변하지 않으며, 또 다른 지선이 나타나고 사라짐에 따라 그의 본질에 변화를 가져올 수 있다.

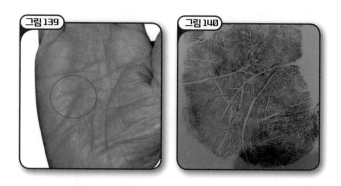

두뇌선의 끝이 **그림139, 140** 과 같이 뭉툭하게 발달된 사람은 환경변화에 대한 민감도가 떨어지고 우둔한 사람일 가능성이 크다. 끝이 이렇게 뭉툭한데 고집이 있는 사람이라면 소통이 어렵고 배우기를 싫어하거나 기억력이 떨어지는 슬기롭지 못한 사람이다. 섬세하고 복잡한 것을 좋아하지 않아 단조로운 일이 적성에 맞을 것이다.

하지만 만일 자신의 단점을 알고 보완해 나간다면 또 다른 지선으로 두뇌선의 모양뿐 아니라 정신력까지 보완이 될 것이다.

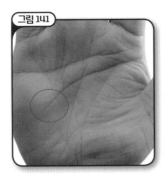

그림 141, 142 와 같이 선이 끝으로 갈수록 날카롭고 예리한 사람은 매사 신중하고 환경변화에 민감하게 반응한다. 의사 표현도 뚜렷하며 대인관계가 원만함을 보여주는 모습이라 할 수 있다.

끝이 날카로운 사람은 예민하고 민감하여 섬세하고 꼼꼼한 작업을 잘하지만, 이것저것 재거나 비교하며 꼬치꼬치 따지고 완벽해지려는 성향이 강해 실천성이 떨어지거나 조심성이 강하다.

② 선의 방향

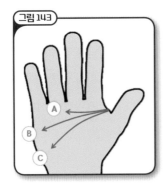

A. 위로 가는 두뇌선
물질, 성취, 분석, 상업, 사업, 실업, 투기, 투자

B. 직선으로 가는 두뇌선
현실, 실행, 논리, 분석, 숫자, 언어, 목표, 의지, 인내

C. 아래로 가는 두뇌선
상상, 창의, 공상, 손, 글, 말 재주, 예능, 예술

선의 방향은 A. 위로 향하는 두뇌선, B. 직선으로 가는 두뇌선, C. 아래로 향하는 두뇌선이 있는데, 두뇌선이 향하는 방향에 따라 추구하는 삶의 방식을 알수 있다.

자기 손을 들여다본 후 **그림143** 중 어디에 해당하는지 확인하고 자신의 성향과 잘 맞는지 확인해 보자.

만약 두뇌선의 모양과 자신의 성향이 다르다고 생각되면 두뇌선의 깊이와 넓이 또는 잘림 혹은 지선들로 인해 또 다른 성향이 나올 수 있다. 하지만 거의 기본적인 본질을 벗어날 수 없기에 비슷한 성격을 보일 것이다.

A. 위로 가는 두뇌선

분석, 상업, 사업, 실업, 투기, 투자, 물질적, 성취감, 냉철함

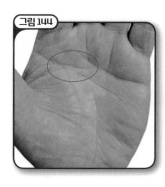
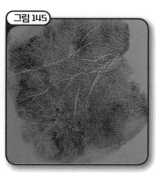

그림144, 145 는 두뇌선이 소지를 향해 발달한 선이다. 위로 가는 두뇌선은 감정선이 내려오는 지선과 혼동하는 경우가 많은데, 끝을 보게 되면 생명선에서 시작하여 위쪽으로 갈수록 가늘어지면 위로 가는 두뇌선이며, 위에서 아래로 가늘어지는 경우는 내려오는 감정선이다.

그림144 와 같이 위로 가는 두뇌선이 끊이지 않고 깔끔하게 발달된 사람은 물질적인 면에 혜안이 밝아 젊어서부터 성공하는 사람이 많으며, 대인관계에서도 이해득실 관계부터 성립에서 생각하게 된다. 사물을 분석하고 파헤치길 좋아하며 상업이나 사업을 추진하는 능력과 성취 욕구가 강한 사람이 많고 경제 관념도 뛰어나다. 하지만 **그림145** 처럼 구불거리거나 끊어져 좋지 않은 모습으로 발달해 있다면 단순히 물질적인 기질을 나타내는 사람으로 모든 게 이해득실에만 치중이 되어 지혜롭지 못한 경우가 많다.

B. 직선으로 가는 두뇌선

현실, 실행, 논리, 분석, 숫자, 언어, 목표 의식, 의지, 인내, 차분함, 조용함, 냉정함, 이기적

직선으로 가는 두뇌선은 현실적이고 실행력이 강한 사람으로 환경을 잘 받아들이지 못하는 자신만의 뚜렷한 사고를 지닌 사람이 많아 이루고자 하는 목표의식이 채워지지 않는다면 육체적인 고달픔을 금치 못할 것이다.

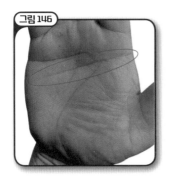
그림146

그림146 처럼 잔 선이 없고 깔끔하게 직선으로 뻗어있는 사람은 인지능력이 좋고 기억력과 습득 능력이 우수하다. 예를 들어 처음 가보는 길이더라도 길의 모양과 간판 등 그냥 지나친 것들을 오래도록 기억하는 사람이 많다. 자기 우월감이 강하며 성실하고 차분하게 일하는 사람이 많다. 책임감 또한 나쁘지 않다. 하지만 개인주의 사상이 강하고 이기적이며 쌀쌀맞고 냉정한 사람이 많다.

만약 이렇게 깔끔하고 날카롭게 발달한 두뇌선을 가진 사람이 계획성과 목표 의식이 없다면 노년의 삶은 건강 문제로 쓰러질 때까지 정신·육체적 노동에서 벗어날 수 없는 사람이 될 수도 있기에 분명하고 명확한 계획과 목표 의식을 갖도록 해야 한다.

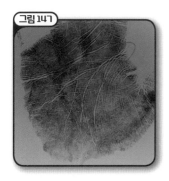

그림147 처럼 직선으로 가는 두뇌선이 구불거리거나 덧칠되는 모습을 하고 있다면 현실적이고 실행력이 강하지만, B. 직선으로 가는 두뇌선의 성향 및 성격보다는 C. 아래로 가는 두뇌선의 성향에 가깝다. 활발한 성격을 보이며 환경에 민첩하게 반응하고 행동하는 사람이 많다. 논리적이고 이성적이라기보다는 감정적인 성격에 가깝다.

c. 아래로 가는 두뇌선

상상력, 창의성, 공상가, 글·손·말재주, 예능, 예술, 감정적, 나태함, 정신적

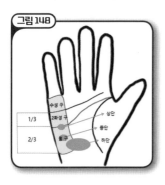

아래로 가는 두뇌선은 경사도에 따라 다른 성격을 보이게 된다.

소지 아래에서 감정선까지를 수성구라 하고, 감정선의 아래부터 손바닥의 끝까지 재었을 때 감정선 아래 3분의 1지점이 상단 화성구가 되며, 나머지 3분의 2가 월구인데, 월구를 또 3

등분하였을 때 【그림148】과 같이 파란색으로 표시된 상단부터 중단, 하단으로 구분한다.

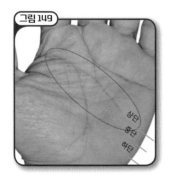

【그림149】처럼 두뇌선이 상단으로 발달한 사람은 실리적이고 논리적인 사람으로 보통은 말하는 재주가 좋고 언어구사 능력이 뛰어나다. 학습 능력과 기억력, 실천성도 좋아 교사, 강사 또는 비즈니스 영역에의 직업 종사자들에게서 흔히 볼 수가 있다.

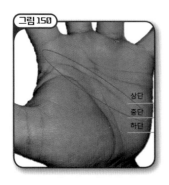

【그림150】과 같이 중단으로 발달하면 예능, 예술, 운동 등 특정한 손재주, 글재주, 말재주와 같은 재능을 표시한다. 흠이라면 단순히 말만 잘하는 사람이 많고 창의적인 사고가 강해 공상가의 기질을 보인다.

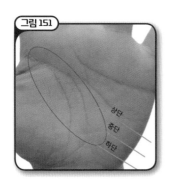

【그림151】처럼 하단으로 발달한 두뇌선을 가진 사람은 육체노동과는 거리가 먼 사람으로, 느슨하고 나태하다. 공상 기질이 강하고 창의성과 아이디어 창고로써 틀에서 벗어난 사고를 하는 경우가 많고 환경에 매우 민감하게 반응하며 직감력이 뛰어나다.

그 외 기타 두뇌선 몇 가지를 보도록 하자.

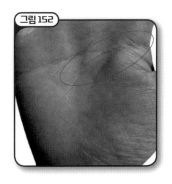
그림152

그림152 와 같이 두뇌선이 짧게 발달한 경우가 종종 있다.

짧게 발달한 사람은 매사 긍정적이고 받아들이는 성향이 강하게 작용한다. 자기 주체성이 떨어지고 결단력과 추리력 등이 약하며, 쉽고 편안한 일 또는 쉽게 생각하는 경향이 강하기 때문에 이러한 사람은 강한 정신력과 신념이 필요하다.

장점으로는 환경을 받아들이는 성향과 두뇌 회전에 매우 민첩함이 있다.

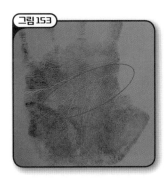
그림153

그림153 과 같이 두뇌선이 덧칠되거나 연하고 끊어지는 등의 좋지 않은 모습을 하고 있다면 의지력 결단력, 분별력이 떨어지며 주위 눈치를 많이 보게 된다. 복잡한 것을 좋아하지 않으며 느슨하고 태만한 성격을 가진 경우가 많다. 신뢰성이 없음을 알리는 징표이기도 하다.

정신 · 체력적으로 쉽게 지치는 사람이며 행동보다는 말이 앞서는 사람이 많고 대개 책임감과는 거리가 먼 사람이거나 선천적으로 신진대사가 약한 사람이 많다.

그림154 처럼 생명선과 떨어져 발달된 경우를 독립적 두뇌선이라 한다. 보통 2~5mm 정도의 넓이로 떨어져 발달하는 게 가장 이상적으로 자발적이고 독립적이며 타인보다는 자기 신뢰가 높다. 매사 자신감과 현명한 판단 및 분별력을 지닌 사람이라 할 수 있다.

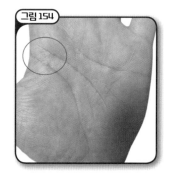

그림154

하지만 사진과 같이 5mm를 넘어 과도하게 떨어진 사람은 과유불급형으로 주도성과 독립심과 같은 성향이 과해 무분별한 사람이 될 수 있다. 저돌적인 행동으로 일만 벌여놓고 수습이 안 되는 사람이 많고 타인의 의견을 수렴하는 경우가 없어 독재·독주적인 모습을 보인다. 과도하게 떨어진 두뇌선을 가진 사람은 타인의 의견을 받아들이려 노력해 보는 것이 좋다.

- 이중 두뇌선

이중 두뇌선이란 두뇌선을 2개 가진 경우를 말한다. 이중 두뇌선이 있으면 성공하는 길상이요 천재라는 등의 극단적인 말들을 하지만 실상으로 이중 두뇌선을 가진 사람 중에는 성격과 사고가 꼬여 있는 사람이 많은가 하면, 인생을 개척해 나가는 데 큰 어려움을 겪는 것을 쉽게 볼 수 있다.

이중 두뇌선을 양손에 모두 가진 사람이 있는가 하면, 어느 한 손에만 가진 사람이 있다. 왼손은 우뇌 발달을, 오른손은 좌뇌 발달을 나타내며, 이중 두뇌선은 좌뇌, 우뇌가 가진 성향을 부각시킨다.

우뇌는 공간지각능력, 창의력, 5각 발달, 예체능 등의 발달을 보고, 미발달의 경우 발달 장애, 집중력 장애, 순발력 떨어짐, 교감 능력 떨어짐 등의 좋지 않은 모습을 보인다.

반면 좌뇌는 언어, 분석, 논리, 수리 등의 보고 배우는 것과 해결 능력에 뛰어나고, 미발달의 경우 언어장애, 난독증, 기억력, 섬세하지 못함, 배우기 싫어함 등의 장애를 보인다.

이중 두뇌선을 컴퓨터로 비유하자면 오른손의 이중 두뇌선은 하드웨어가 2 개로 배우고 익히며 기억하는 저장 공간이 두 배라 할 수 있고, 왼손의 이중 두 뇌선은 CPU가 2개로 받아들이는 속도, 습득력, 인지능력이 두 배라 할 수 있 는데 어느 한 손에만 나와 있는 경우 오류를 범하게 된다.

보통 오른손에만 이중 두뇌선이 발달된 사람은 큰 어려움을 겪지 않으며 배 우고 모방하고 따라 하는 걸 잘하는 사람이 많다.

반대로 왼손에만 이중 두뇌선이 발달해 있는 사람은 민첩하고 예리하며 관찰 력이 좋지만, 기억력 부족이나 지식이 부족한 경우가 많다.

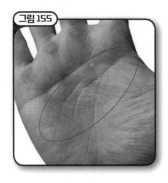

그림155 처럼 이중 두뇌선이 서로 나란히 발달하여야 가장 이상적이라 할 수 있다. 하지 만 **그림155** 와 같이 발달된 사람은 극히 드물 다. 삼지창 손금이나 M자 손금과 같이 찾아보 기가 힘들며, 분명한 이중 두뇌선을 가진 대표 적인 인물에는 마이클 잭슨이 있다.

완벽한 이중 두뇌선을 가진 사람은 논리적이 고 체계적이며 환경에 지배되지 않고 자신만의 신념이 확실하다. 섬세하고 차 분한 이성적인 사고가 깊어 진정 성공하는 길상이 아닐까 싶다. **그림155** 의 사람은 필자의 젊은 직장 동료로서 필자의 호기심을 충족시켜주는 아주 놀라운 결과를 안겨 주었는데, 성실함, 기억력, 대인관계, 적응력이 다른 동료들에 비 해 상당히 뛰어났다.

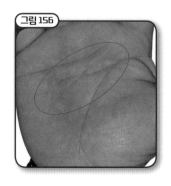

그림156

그림156의 이중 두뇌선은 서로 교차하면서 얽혀있는 모습인데, 이런 경우 좋지 않은 예이다.

얽히고설킨 이중 두뇌선은 자신의 재능을 찾지 못하고 인생관이나 삶 자체에 나태함, 느슨함 등을 보이는데, 가로 삼대선이 모두 덧칠되듯 하거나 흐릿하면 판단력, 주체성, 의지력 등 모든 게 불분명하다.

보통 마찬가지겠지만 자신의 재능 찾기란 매우 어려운 일이 될 것이다. 하지만 분명한 것은 이중 두뇌선을 가진 사람은 습득력, 기억력, 감각기능, 사람의 마음을 읽어 내는 능력, 환경에 대한 민감성, 직감력 발달 등 일반 사람들과는 다른 뛰어남을 지니고 있지만, 스스로가 찾아내기가 어려울 뿐이다.

....

필자의 소견으로는 그림 156처럼 발달한 두뇌선은 어떠한 정신적인 문제를 야기하는 건 아닐지 생각해 본다.

그림157

그림157은 가장 흔히 볼 수 있는 이중 두뇌선이다. 짧게 발달한 한 가닥의 선과 길게 발달한 한 가닥의 선은 사고유형의 이중성을 띠게 된다. 짧은 선은 민첩하고 예리하며 예민한 성격을 보이고 성급하지만, 또 다른 한 선은 발달한 방향에 따라 그 위치의 성격을 나타내게 된다. 그 부분은 ②선의 방향을 참고하길 바란다.

....

필자의 소견으로는 그림 155와 같이 확실한 이중 두뇌선이 아니라면 한 가닥의 선이 선명하고 날카롭게 발달되는 게 삶에 이로우며, 기타 이중 두뇌선은 오히려 삶에 고통을 안겨 줄 것이다.

- HSP 두뇌선

HSP는 매우 예민한 사람(Highly Sensitive Person)의 약어로, 1995년 미국의 심리학자 일레인 아론 박사가 저서 《민감한 사람들의 유쾌한 생존법(The Highly Sensitive Person)》에서 도입한 개념이다. 아론의 연구에 따르면 인구의 15~20%가 이렇게 예민한 기질을 가지고 있다고 한다. HSP는 유전자에 의해 결정되며, HSP의 뇌는 그렇지 않은 사람과 다른 구조를 보인다. HSP는 질환은 아니지만, 우울증이나 불면증 등의 정신적 질환으로 발전할 가능성이 있으므로 주의가 필요하다.

HSP는 그렇지 않은 사람보다 예민하고 같은 상황이라도 더 큰 스트레스에 시달리는 경향이 있다. 이들은 대개 창의력이나 공감 능력이 뛰어나 예술 분야에서 활동하거나 타인을 더욱 배려할 수 있다는 장점이 있지만, 쉽게 지치거나 좌절하고 정신건강이 나빠지기 쉬운 단점도 있다. 또 타인의 기대를 충족시키지 못하는 것에 스트레스를 강하게 받기 때문에, 본인의 작은 실수에도 크게 자책하며 결국 스트레스를 받을 만한 상황을 회피할 가능성이 있다.

[네이버 지식백과]

HSP 두뇌선이란?

HSP 두뇌선은 수상을 공부하면서 필자가 느끼고 깨달은 정보들과 흡사하고 비슷한 부분이 많아 붙인 이름이다.

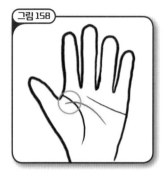

그림158

손금을 보다 보면 간혹 두뇌선이 생명선 안에서 발달해 나오는 사람이 있다. 대체로 시작하는 위치는 하단 화성구인데, 이러한 두뇌선을 가진 사람은 혁신적이고 창의적인 사람이 많고 사고의 틀을 깨고 있는 경우가 많다. 또한 하단 화성구의 성향인 경쟁심, 용기, 결단력 등 활동성에 상당한 영향을 미친다. 그렇지만 단점으로는 심약한 정신력으로서 쉽게 좌절을 느끼고 신경질적인 사람이 많다. 또한 HSP 두뇌선을 가진 사람은 장시간 일하는 걸 힘들어하고 진득하지 못하며, 망상에 빠지거나 일관성이 없는 모습을 보이기도 한다. 자신에게 무능함을 느끼거나 자존감이 매우 떨어지기도 한다. 환경이나 사물에 매우 민감하여 관찰능력 또는 타인의 표정과 감정을 읽는 데 뛰어나지만 이러한 예민함 탓에 쉽게 지치거나 좌절한다.

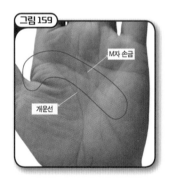

그림159

M자 손금

개운선

그림159 처럼 하단 화성구에서 굵게 발달하여 끝은 가늘고 예리하다. 이는 매우 발달이 잘된 HSP 두뇌선으로서 결단력, 투쟁심, 도전, 용기 등의 강인한 정신력과 창의성, 예술성과 같은 재능을 그대로 표현해낼 만한 가치가 있는 두뇌선이다.

그림159 의 경우 생명선과 두뇌선, 감정선의 발달도 우수하며 세로 삼대선의 기세 또한 잘 발달되어 있다. 강한 개운선(노란색 화살표)과 M자 손금(노란색 화살표)까지 지녔는데, 이런 모습이라면 환경에 대한 적응력과 활력, 열정이 강하고 창의적인 아이디어를 그대로 실행

해낼 만한 가치가 충분하다. M자 손금은 사람들과의 대인관계 리더십 등 사교성이 매우 우수한 사람이다. 또한 정신과 육체가 뛰어난 HSP 두뇌선의 장점만을 가진 사람이 분명하다. 실제로 **그림159**의 주인공은 미국 교포로 미용업을 하며 풍족한 삶을 살고 있기도 하다.

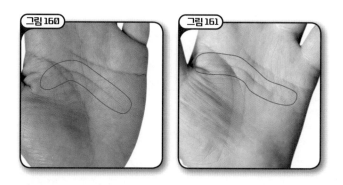

그림160, 161은 HSP 두뇌선의 좋지 않은 예이다. 시작의 뿌리가 깊지 않고 구불거리거나 흐릿하며 생명선 또한 분명하지 않은데 이런 경우는 패기와 열정이 약하고 체력 또한 약한 것을 알 수 있다. 그뿐만 아니라 세로 삼대선이 지저분하고 선명하지 않으며 흐릿한데, 이는 의지력 인내심과 같은 근성이 떨어짐을 나타내고 단순 예민하고 민감한 성격을 나타낸다. HSP 두뇌선의 성격인 환경과 사물에 대한 민감성, 창의성, 공감 능력 등 우월한 재능이 있으나 끈기와 근성이 나약한 정신력으로 인해 삶의 돌파구를 찾지 못하는 수가 많다.

HSP 두뇌선을 가진 사람은 조바심, 조급함이 강하기 때문에 현실의 조급함을 가지고 살기보다는 한걸음 물러서서 생각해 보아야 한다. 조급해할수록 삶은 더더욱 갈피를 잡지 못한다는 사실을 꼭 기억해야 할 것이다. HSP 두뇌선을 가진 사람은 육체적이기보다는 정신적인 노동에서 가치를 가진다.

ADHD

ADHD는 Attention Deficit/Hyperactivity Disorder의 약자로, '주의력 결핍 과다행동(과잉행동) 장애'라고 번역한다.

아주 어린 아기일 때부터 ADHD 환자는 다른 정상아기와 구별되는 특징을 보이며, 어릴 때 지닌 뇌의 구조적 장애가 성장으로 해결되지 않았거나 치료가 불충분한 경우에는 성인 ADHD로 병이 이어진다.

ADHD는 어릴 때 지닌 과잉행동과 충동성이 나이가 들면서 각 증상이 심했던 만큼 그대로 집중력 부족으로 전환되기에, 주의 집중력 결핍으로 인해 학력이 낮거나 사회생활에 어려움을 겪고 있을 확률이 높고, ADHD 환자의 75%가 지니는 동반 질환의 악화 등으로 전체적인 삶의 질을 정상인 수준으로 끌어올리는 치료 성공률 또한 낮아진다.

[네이버 지식백과]

결핍 두뇌선이란?

결핍 두뇌선은 육체가 아닌 정신적으로 어떠한 문제가 있음을 알리는 두뇌선이다. 결핍 두뇌선을 가진 사람은 과민성, 충동성, 집중력 결핍, 주의산만, 애정 결핍, 난독증, 집착 의존증 등의 정신적인 문제가 있거나 어릴 때 병 또는 허약함 등으로 인한 보살핌을 많이 필요로 하는 아이들이다. 수상 공부를 하면서 깨달은 게 ADHD의 정보와 비슷하게 맞아떨어지기에 붙인 명칭이 결핍 두뇌선이다.

보통의 두뇌선은 생명선과 같이 시작되거나 조금 늦게 시작되는 정도인 것에 비해 결핍 두뇌선은 그림162 에서처럼 검지와 중지 기준선을 지나서 발달되

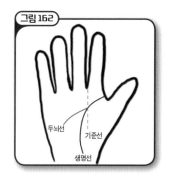

는 두뇌선이다.

결핍 두뇌선으로 발달되는 건 후천보다 유전적인 요인이 아닐까 생각해 보게 되는데, 그 이유로는 보통 아이 부모부터가 불우한 환경, 사랑에 대한 결핍, 대인관계 기피 등 성격의 결핍을 보였으며, 그 부모의 자식은 결핍 두뇌선을 가지고 있었다.

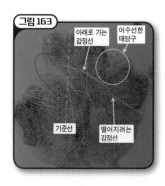

그림163 은 여섯 살의 남자아이인데 빨간색 원이 결핍 두뇌선이며 기준을 넘어 시작하고 있다.

실제 아이는 생각이나 물건 등 어느 한 가지에 집착이 매우 강하며, 응석이 심하고 혼자 있을 때는 정서적 불안과 산만해지는 증세를 보이고 더딘 성장을 보였다. 수상을 봐야 하는 이유가 증명되는 순간이 아닐까 싶기도 하다.

현재 아이는 기타 선을 보게 되면 오른손에 이중 두뇌선을 지니고 있는데, 보고 듣는 것과 암기에 상당히 뛰어남을 가지고 있다. 또 다른 특이점은 생명선과 두뇌선이 잔 선들로 얽혀 퍼져있는 모습으로 호흡기 기관지가 좋지 않거나 천식, 아토피, 허약함 등 보살핌이 필요하다는 걸 알 수 있는 증거인데, 이 아이는 왜소하고 허약하며 호흡기, 기관지 등이 좋지 않고 시력 또한 매우 좋지 않아 시야 교정 등의 문제들로 부모님의 극진한 보살핌을 받고 있다.

아이들의 감정선이 여간해서는 그림163 과 같이 끝이 아래로 향하거나 떨어지는 모습을 보기 힘든데, 이는 고독, 슬픔 등 감정의 침체를 의미한다. 태양구 또한 어수선한 모습을 볼 수 있다. 이러한 모습들은 내면의 침체, 우울함, 조용함, 애정의 문제나 내성적인 성격 등 타인과의 교감에 있어 나타나는 문제를 말한다.

이처럼 결핍 두뇌선을 가진 사람은 내면의 정신적 세계에 문제가 있거나 누군가로부터 도움의 손길이 필요한 경우가 많은데, 가장 흔하게 볼 수 있는 게 주의력 결핍, 애정 결핍이 있고, 특정한 것에 집요하게 집착, 독립심, 자립심이 매우 떨어지는 의존성이 강하게 나타난다.

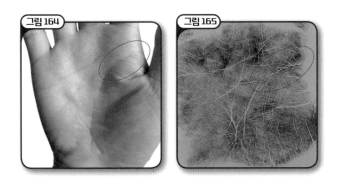

그림163 처럼 **그림164, 165** 도 결핍 두뇌선을 가지고 약지 아래 감정선이 떨어져 있는 모습이다. 타인과의 감정적 교감신경에 문제가 있다고 할 수 있다. 이것이 극단적인 표현이기도 하겠지만 정서적 불안, 감정 기복, 주의산만으로 이어지는 주의력 결핍 과잉행동 장애(ADHD)이다.

감정선의 약지 아랫부분은 어떠한 심적 변화에 따라서 붙었다 떨어졌다 하는 경우가 많은데 200쪽 '필자의 감정선 변화'를 참고하길 바란다.

결핍 두뇌선의 또 다른 이면을 보자면 사람을 좋아하거나 순응적이며 관심받기를 원하고, 성인이 되어서는 이성 교제에 강한 집착을 보인다. 소심하고 내성적인 성향이 강하며, 집중력 저하, 난독증과 같은 문제를 낳기도 한다. 부모들은 성장하는 아이들의 손금을 살펴 이런 두뇌선을 가진 아이라면 주의 깊게 관찰하여 보아야 하는데, 윽박지르고 다그친다면 더욱더 내성적이고 소심하며 음한 기운을 가지고 성장할지 모른다.

감정선

성격, 애정, 동정, 감정, 감수성, 이타심, 배려심, 리더십

감정선은 타인에 대한 나의 마음가짐이다. 다른 나라에 비해 유독 겉과 속이 다른 민족성을 가진 나라가 대한민국이 아닐까 한다. 우리나라 사람들은 관계주의 문화라는 민족성 때문에 타인으로 인해 자아가 형성된다고 한다. 이러한 성향은 자아감, 자존감, 자립심 등 주도적인 성향을 갉아먹는 요인이 될 것이다.

감정선은 타인과의 공감 능력, 대인관계, 사교적, 독선적, 명랑함, 부드러움, 이기적, 관대함 등 사람과의 상대성을 그대로 보여주는 것이므로 겉으로 보이는 모습을 믿기보다 감정선의 생김새를 믿는 것이 더 현명할지도 모른다.

감정선의 생김새에 따라 이타심과 배려심, 동정심, 리더십 등이 있는지 없는지를 알 수 있기에 길고 잘생긴 감정선은 대중을 이끌어갈 자질을 가진 사람이며, 짧고 못생긴 감정선을 가진 사람은 다산 정약용의 말을 빌려 백성을 기르는 벼슬을 고해서는 안 된다. 왜냐하면 짧고 못생긴 감정선은 이기적이며, 주관적이고, 타인의 감정을 받아 주고 이해하기가 어렵기 때문이며, 리더의 자질이

부족함을 나타내기 때문이다.

감정선을 볼 때는 금성구와 같이 보는 게 바람직하다. 감정선이 길고 깊게 잘 발달되어 있더라도 금성구의 발달이 빈약하면 우유부단한 성격을 보인다.

반대로 감정선이 길고 깊게 잘 생겼는데 금성구도 강하게 발달했다면 애정과 사랑, 동정심이 과하여 자기중심적으로 타인을 소유하고 지배해야만 직성이 풀리고 상대를 무시하는 경향이 있다.

감정선에 따라 면상에도 나타나는데, 감정선이 길고 잘생긴 사람은 얼굴도 호감형, 밝은 미소, 맑은 피부를 가진 경우가 많지만, 짧거나 잘리고 탁한 색에 덧칠되는 등의 모습을 하고 있다면 우울한 얼굴, 사나운 얼굴, 처진 입, 둔탁한 피부색 등 타인으로 하여금 호감을 주지 못하는 인상을 지닌 사람이 많다.

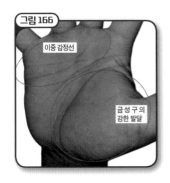

그림166 처럼 이중 감정선으로 발달하면 감수성, 동정, 애정, 예술적, 역동적, 매력 등이 보통 사람의 2배를 지녔다고 볼 수 있으며, 강한 금성구의 발달까지 더해지니 애정, 동정, 사랑이 넘쳐나는 사람이라 볼 수도 있겠다. 하지만 실상으로는 그렇지 않으며, 모든 만물은 과유불급이라 하였다. 지배적인 욕구, 사리사욕, 욕망 충족 그 자체를 보여주고 있으며, 지조가 없고, 음탕하며 퇴폐적인 성격이 매우 강함을 나타낸다.

낯빛을 좋게 한들 마음을 숨길 수가 있겠는가? 겉으로만 우아하고 화려하게 하기보다는 속마음을 매력적이고 아름답게 가꾸어야 할 것이다.

수상을 상담하다 보면 전체적인 모습에서 매우 이기적이던지 간사함, 야비함 등의 모습들이 한눈에 읽혀지는 사람이 있다. 필자는 이런 사람을 볼 때마다 항상 갈림길에 선다. 직언을 해줘야 할지, 아니면 좋은 말만 하고 돌려보내야 할지 말이다. 하지만 대개는 주절주절 말하고야 만다. 이러한 주절거림이 필자의 천성인 걸 어쩌겠나 싶다. 하지만 분명한 건 수상은 자신을 들여다볼 수 있는 '마음 창'이란 사실이다. 손금 중에서 바뀌기가 매우 힘든 게 감정선이다. 감정선이 바뀐다는 것은 자신의 성격을 바꾸는 것으로 내면의 세계에 고통이 동반된다.

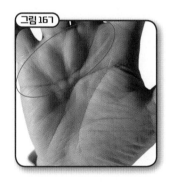

그림167

그림167 처럼 감정선이 길게 발달한 사람은 애정, 동정, 인정, 배려, 이타심 등 타인을 받아 주고 이해하려는 마음이 강하고 환경을 끌고 가는 매력이 있다. 긴 감정선을 가진 사람은 남들의 비위를 잘 맞추는데, 어떻게 보면 자신의 감정에 솔직하지 못한 사람일 수도 있다. 또한 그림과 같이 검지와 중지 사이로 발달한 감정선은 수용성, 배려심, 이성과의 교제, 낙천적, 매너 등 타인에게 부드럽고 매력적인 성격이다.

그림168 과 같이 짧게 발달한 감정선은 주관적이고 이기적이며 냉소적인 데다 물질에 대한 집착이 강하게 나타난다. 짧으면 짧을수록 이러한 성향은 더욱더 강해진다. 감정선의 길이는 타인에 대한 마음의 양식이라는 걸 분명

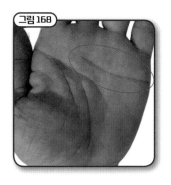

알아야 한다. 그림168 처럼 감정선이 짧은 사람은 교감 능력이 떨어지는데, 이것을 보완해 주는 게 금성구이다. 금성구가 적당히 발달하여 빵빵한 느낌이 있어야 한다. 그렇지만 과도하게 발달되거나 빈약하게 발달하면 더욱더 냉소적이고 지배적이며 욕구 충족에 힘쓰는 사람이다.

감정선을 볼 때, 단순하게 길면 베풀고 받아 주는 마음이 강한 사람이고, 짧으면 이기적이거나 냉정하고 차가운 사람이지만, 감정선이 긴 사람은 솔직하지 못하고 짧은 사람은 감정에 솔직하다.

그림169 와 같이 감정선이 얇게 발달하면 대인관계가 한정적이거나 실속형으로 조심스러우며 함부로 대하는 경우가 없으며 냉정하고 이기적 또는 냉랭한 사람처럼 보이기도 한다.

그림170 처럼 감정선이 굵

게 발달한 사람은 마음 씀씀이도 크고 쉽게 다가선다. 하지만 환경을 지배하려는 성향이 강한데 금성구가 강하게 발달되어 있다면 난폭함을 보일 수도 있다. 마음을 쉽게 주기도 하지만 쉽게 토라지기도 한다.

감정선은 3가지 형태로 나뉜다.

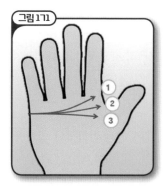

그림171

1. 위로 가는 감정선
명랑, 다정함, 부드러움, 우유부단, 애정, 동정, 배려, 이타, 도의

2. 직선하는 감정선
직선, 딱딱함, 솔직함, 흥분, 냉정, 시기, 질투, 대장 기질

3. 아래로 가는 감정선
조용함, 감정적, 우울, 맹목적, 고집, 개성

그림171 의 세 가지 유형을 하나씩 살펴보도록 하자.

① 위로 가는 감정선

명랑, 다정함, 부드러움, 우유부단, 애정, 동정, 배려, 이타심, 도의

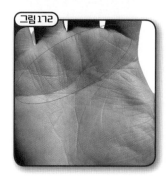

그림172

그림172 처럼 감정선이 위로 발달하면 활발한 성격을 보이고 배려와 이타심 등 타인을 받아들이는 성향을 보인다. 길면 길수록 적응력이 빠르고 우유부단한 모습을 보이기도 하며, 자신의 감정표현에 솔직하지 못한 모습을 보이기도 한다. 그래서 타인을 이용하고 부리거나 속이는 거짓됨이 많다.

반면 관계 문화에서 적극적이고 타인으로 하여금 호감을 사는 일이 많고 사교성이 뛰어나다.

- 감정선이 길게 발달하여 검지 손가락의 기저선까지 닿는 사람은 명예욕과 권력욕, 야심이 강하고 향상심과 패기가 있다.
- 감정선이 검지와 중지 사이로 발달되어 있으면 지극히 감정적이고, 대인관계가 긍정적이고 동정심이 많으며, 베풀고 협조하는 마음이 강하다. 단점으로는 이성 관계에서 양보심이 강해 상처받는 경우가 많다.
- 감정선이 중지로 발달된 사람은 명랑하고 활발한 성격에 친화성이 있지만, 기분이 급변하고 감정 기복이 심하다.

② 직진하는 감정선

직선적, 딱딱함, 솔직함, 흥분, 냉정, 시기, 질투, 대장 기질

그림173

그림173 처럼 손바닥을 직진하는 감정선 형태로 발달하면 성격이 거칠고 고집이 세다. 육체노동을 하는 사람이 많고 감정표현에 솔직하지만 그림173 과 같이 칼에 베인 것처럼 날카롭다면 매우 직선적이고 독선적으로 서슴없이 말을 하여 상대방의 마음에 비수를 꽂는 사람이다.

- 감정선이 손바닥을 횡단하듯 길게 발달한 사람은 인정과 애정은 있지만 따뜻

한 느낌을 주지는 않고 감정에 매우 지배적인 사람이다. 사회나 가정에서 자기 뜻과 맞지 않으면 곧바로 감정적으로 나오며 무리의 우두머리가 되어야 직성이 풀리는 사람으로 강인한 직업이 좋다. **그림167**의 긴 감정선이 타협하는 부드러운 리더라면, 직선의 긴 감정선은 주도적인 강인한 리더이다.

- 감정선이 중지와 검지 아래까지 발달한 사람은 매우 상식적이고 이기적인 사람으로 즐거움과 슬픔이 나로 시작해 나로 끝난다.
- 감정선이 중지 아래에도 못 미치는 사람은 사리사욕과 이기적임의 극치이며 배신도 서슴없이 하는 사람이다.

③ 아래로 가는 감정선

조용함, 감정적, 우울, 맹목적, 고집, 개성

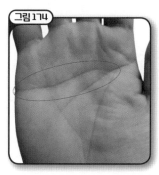

그림174와 같이 감정선이 아래로 향하여 발달하면 부드러운 느낌을 주지만 실상으로는 자존심이 강하고 타인과의 교류가 어려운 사람이 많다. 즐겁거나 행복한 일이 있더라도 싸늘한 느낌을 주고 매사가 즐거움과는 거리가 먼 사람처럼 보인다.

보편적으로 말수가 적은 사람이 많고 자기만의 개성이 강하게 나타나는데, 자존심까지 강해 자기가 옳다고 생각하는 것은 맹목적으로 고집스럽게 밀어붙이는 경향이 있다.

마음에 상처를 받으면 오래도록 간직하고, 이성과의 교제에서 트러블이 많다. 이성을 만나더라도 깊게 가지 못하며 다시는 이성을 만나지 않겠다고 하는 사람이 많다. 아래로 가는 감정선이 두뇌선을 거쳐 생명선 안쪽까지 발달하게 되면 뇌졸중, 뇌경색, 두뇌 이상, 정신력 문제 등을 야기하고 감정의 상처가 깊음을 표시한다.

....

아래로 가는 감정선이 꺾이는 정도에 따라 급성, 급사, 자살 등을 언급하지만 주변 동료들과 상담 사례를 종합해 보면 전혀 맞지 않는다는 결론이 나왔다. 아래로 향하는 감정선은 모두 하나같이 감정의 심화 차이라는 결론을 내렸고, 이는 필자만의 소견임을 밝힌다.

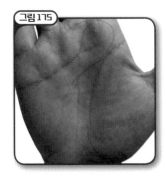

그림175 와 같이 감정선의 끝이 강한 지선으로 발달하여 있으면, 호감, 감정 중시, 애정 등 사람을 좋아하고 행복을 찾는 신뢰할 만한 사람이다. 감정의 세심함과 섬세함이 있고 교감신경이 발달해 있으며 인정이 많다.

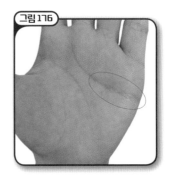

그림176 과 같이 감정선이 시작하는 소지 아래에 사슬 문양 또는 덧칠되거나 흐린 모습을 하고 있으면 선천적으로 저혈압이 많다. 저혈압은 몸의 신진대사가 좋지 않다는 것을 의미하기 때문에 몸의 전체 리듬이 떨어짐을 말한다. 혈액순환이 잘되지 않아 손발이 차고, 소화불량으로 배탈도 잘 나기 때문에 평상시 식습관을 조심해야 하며 유산소 운동을 꼭 해주는 습관

을 길러야 한다.

- 이중 감정선

그림177

이중 감정선의 형태는 이중 두뇌선과 마찬 가지로 상당히 다양한 형태로 발달된다. 감정 선이 2개라는 것은 감정의 이중성을 띠는 것 이며 감정 기복이 심하다는 것을 말한다. 만약 **그림177** 처럼 두 개의 감정선이 같이 출발하 여 끝이 같은 방향을 보고 있다면 매우 이상적 인 감정선으로 공감 능력이나 사교성, 정신력, 관대함 등이 우수한 매력적인 사람일 것이다.

하지만 아직 필자는 이런 감정선을 본 적이 없으며 보통은 분리형이거나, 짧 거나, 두 개의 선이 서로 다른 방향을 향해 발달하여 있다. 이중 감정선을 가진 사람은 감정과 감수성이 풍부하여 예술적인 분야인 창작, 미술, 음악, 공예 등 사람의 감성을 자극하는 매력을 가지고 있는가 하면, 단순히 성격의 변덕이나 기복을 나타내기만 하는 사람도 많다.

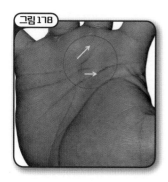

그림178

그림178 과 같이 두 개의 끝이 서로 다른 방향을 보고 있을 때는 두 가지의 성질을 그대 로 보여주게 된다.

위로 가는 감정선은 상냥하며 부드럽고 친밀 감을 보여주지만, 두뇌선을 향해 직진하는 감 정선은 자신의 감정을 그대로 표현하며 직설적이고 날카롭게 말과 행동을 하게 된다. 즉, 감정의 편차가 극과 극을 보인다.

그림178과 같이 금성구가 강하게 발하고 독립적 두뇌선과 같은 형태를 조합해 본다면 열정과 활동성이 매우 강한 사람으로 자신의 기분대로 행동하는 상냥함과 친밀감이 오히려 타인에게는 거칠고 난폭함으로 전달된다. 이러한 사람은 스포츠나 과격한 운동에 많은 에너지를 소모해야 할 것이다.

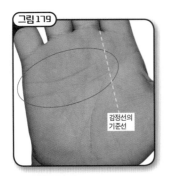

그림179

감정선의
기준선

그림179의 경우는 위쪽으로 길게 발달한 감정선이 가파르게 상승하지 않고 부드럽고 유연하게 기준선까지만 발달하였는데, 이 경우는 성격이 유연하며 부드러운 실속파라 할 수가 있다. 아래에 짧게 발달한 감정선을 반항선이라고 하는데 자신의 감정을 숨기지 못하는 솔직하고 냉철한 사람이다.

그림179처럼 적당한 금성구의 발달과 기준선까지만 발달한 감정선, 반항선의 발달 그리고 선의 색깔도 강하지 않고 깊고 예리하다. 이런 경우는 부드럽고 솔직하며 나긋나긋한 모습을 보이며 서비스 비즈니스와 같은 영역에서 매우 우수한 능력을 지닌 사람이다.

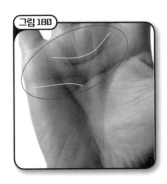

그림180

그림180처럼 중간에서 끊어지면 분리형 이중 감정선이다. 이 감정선은 금성대와 헷갈리는 경우가 많은데, 선의 깊이와 굵기를 보면 알 수 있다. 금성대는 **그림180**과 같이 굵고 깊게 나타나지 않는다.

보통의 이중 감정선을 지닌 사람은 옷차림,

말과 행동, 외모에 매력적인 사람이 많은가 하면 감수성이나 감정이입, 아름다움에 대한 동경이 강해 환경에 잘 매료당한다는 공통점은 가지고 있지만, 분리형 감정선은 감정 기복이 심하게 나타나고 이성 교제에서 상대가 맞추는 데 까다로움이 많다.

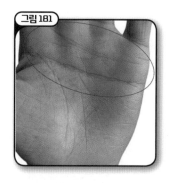

그림181 은 감정선과 두뇌선이 하나가 되어 막 쥔 금으로 발달한 것이며, 여기에 나타난 또 하나는 강하고 길게 발달한 금성대로, 감정선으로 읽어진다. 이를 이중 감정선이라 읽는다. 이런 이중 감정선의 발달은 보통 음악, 미술, 예술 등 아티스트 재능을 타고난 사람이 많으며, 외모 또한 보통 사람들과는 다르게 수많은 액세서리 치장, 알록달록함, 어두운 옷, 독특한 머리 스타일 등으로 눈에 띄는 사람이 많다.

타고난 유전자

이중 두뇌선, 이중 감정선에서 보았듯 한 사람의 타고난 능력을 알 수 있다. 그림178과 같은 경우 운동에 천부적인 소질을 보이는데, 한번 접해본 운동은 어렵지 않게 따라 하지만 머리로 하는 일을 싫어하며, 스포츠 관련업을 하고 있다.

반면에 그림179의 주인공은 운동과는 거리가 먼 온라인 사업을 하고 있다. 이처럼 장선을 보면 '어떠한 재능을 지녔을까?' 하는 예측을 해볼 수가 있고 그 예측대로 자주 들어맞는다.

타고난 재능을 한눈에 알아차릴 수 있는 것 중 하나가 부모에게서 물려받은 유전자로써 자신이 막쥔금(일자 손금), 이중 두뇌선, 이중 감정선일 경우 부모 또한 그러한 장선을 가졌을 확률이 매우 높다. 물려받은 유전자에 의해 타고난 재능과 습성, 성격 또한 흡사하다는 걸 알 수 있는 증거가 된다. 장선 뿐만 아니라 우리 몸 전체가 어떠한 재능과 장점을 타고난 것인지를 분명 알려주고 있지만, 대부분의 사람은 반신반의한다.

자신이 타고난 재능이 어떤 것인지는 우리 몸의 생김새를 파악함으로써 자신의 삶을 어떻게 끌고 나갈 것인지에 대한 사용설명서를 읽고 숙지해 나가는 것이다.

어려서부터 아무리 운동을 시켜도 성장하지 않는 아이가 있는가 하면, 조금만 가르쳐도 금세 배우고 따라 하는 아이가 있으며, 아무리 공부해도 성적이 오르지 않지만 어떤 친구는 매일 놀기만 하고 공부하지 않는데도 시험만 보면 성적이 좋은 친구를 본 적이 있을 것이다. 이는 타고난 재능의 유전자 때문이다.

유전자의 예를 들어보자. 두 사람이 똑같이 헬스장에 운동하러 가 매일 똑같은 양의 운동을 하고 똑같은 식단을 먹었다. 그런데 시간이 흘러 한 사람은 엄청난 근육질의 몸을 하고 있는가 하면, 한 사람은 근육질이라기보단 날렵하고 가벼워 보이는 몸이 되었다. 무슨 이유일까? 이는 스포츠 유전자 때문인데 스포츠 유전자는 어떠한 운동을 할 때 그에 맞는 능력에 영향을 주는 특정한 유전자들을 말한다. 몸이 엄청난 근육으로 발달한 사람은 HIF1A(근육 활동 촉진) MCT1(근육 생성 / 향상)이 높은 사람이다. 반대로 날렵하고 가벼워 보이는 사람은 ACE(지구력) ACTN3(속근과 지근의 발달 / 날렵함)의 유전자 때문에 날렵한 신체로 발달하는 것이다.

하물며 요즘 운동선수들은 스포츠 유전자 검사를 통해 더욱 향상된 선수로 양성한다고 한다. 대표적으로 올림픽 스켈레톤 국가대표 윤경빈 선수가 있다.

헬스장만 다녀 보더라도 알 수 있는데, 그리 과격한 운동을 하는 사람이 아닌데도 불구하고 어떠한 사람은 매우 날렵하고 매끄럽게 발달한 몸매를 하고 있는가 하면, 거대한 몸매를 한 사람이 있다.

하나의 특정한 쪽으로 장점을 타고났다는 걸 또 다른 신체에서 알아볼 수가 있는데, 빗장뼈(쇄골)다. 빗장뼈는 상견, 중견, 하견으로 나뉘는데 상견이나 중견을 가진 사람은 선천적으로 어깨가 넓어 보이고 지구력이 강하며 몸의 비율 또한 우수한 사람이 많다. 이는 운동선수나 모델과 같은 직업에서 많이 찾아볼 수 있고 옷 스타일도

캐쥬얼, 빈티지, 클래식과 같은 옷이 잘 어울리는 경우가 많다.

반면에 하견을 가진 사람은 어깨가 좁아 보이고 얼굴은 커 보이며 상견과 중견에 비해 지구력이나 근력이 떨어지고 사무나 서비스, 비즈니스 같은 직업에서 흔히 볼 수 있다. 옷 스타일은 정장과 같은 슈트의 종류들이 잘 어울리는 사람이 많다. 그 외 발등의 두께에 따라서 서로 다른 유전자를 지녔다는 걸 알 수가 있는데, 발등이 날렵하고 얇은 사람들은 민첩하고 재빠르다.

반면 발등이 두꺼운 사람은 힘과 근성이 좋다.

발가락이 긴 사람은 중심 감각이 뛰어나 날렵함은 있지만, 지구력이 떨어진다. 발가락이 짧은 사람은 중심 감각이 떨어지지만, 지구력이 좋다.

정보수집에는 아직 많은 미약함이 있지만, 분명히 자신한다. 우리의 몸은 타고난 재능과 물려받은 유전자를 그대로 써놓은 사용설명서이므로 나를 아는 것이 현명한 자이자 자기계발의 원천이 될 것이다.

사람이란 생각하는 동물로서 자신을 탐구하고 연구하며 계발하는 것이 인간으로 태어난 본질적인 기질이며 참된 삶이다. 나는 과연 누구인가를 알아간다는 것은 매우 고된 훈련과 기나긴 고통의 시간이 필요하지만, 우리의 생은 너무나 짧다. 그렇지만 우리 현실은 타인의 비위를 맞추고 잘 어울리는 것이 삶의 미덕으로 착각하고 짧은 인생을 허비하며 살아가는 사람이 많은 것이 너무나도 안타깝다. 우리는 인간관계 속에서 이러한 어리석음 때문에 자신의 타고난 재능이 평생토록 빛을 발하지 못하고 사라지게 될 것이며 미래의 삶에 부채가 되고 만다.

타인의 관계 중요성보다 나의 미래가 더 중요하지 않은가? 그렇기에 타인의 눈에 맞춰 살기보다는 '나'라는 정체성에 집중하고 깨달아 간다면 분명 알아차릴 것이다, 나의 재능이 무엇인지를!

- 오지랖 감정선

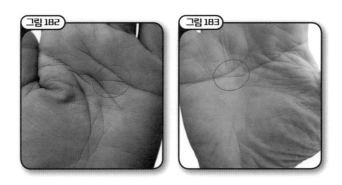

그림182   그림183

오지랖 감정선이란 그림182, 183 과 같이 감정선에서 발달하여 약지와 소지 사이에서 출발해 두뇌선 방향으로 발달한 감정선이다. 이 선의 명칭은 비애선, 배신선, 장애선, 영고성쇠선 등 여러 가지로 불리지만 수상을 공부하면서 조합하고 깨달아본 결과 이러한 명칭은 어울리지 않은 듯 해 필자가 붙인 말이다.

왜 오지랖 선인가?

우선 주변 환경이나 타인이 나 자신에게 왜 상처를 주는가를 먼저 생각해 볼 필요가 있다. 이유는 살면서 어떠한 행동이나 말을 했을 때 그에 상응하는 대가가 따르는 게 세상 이치이며 업보가 아니겠는가? 결정, 말, 행동 등 모든 것이 나로 인해 사건은 발생하게 되는데, 항상 사건의 중심은 곧 본인이란 사실이다. 그렇기에 결과적으로 내가 그렇게 했기 때문에 그런 결과를 낳은 것이다. 오지랖선은 지인, 친구, 가족 등 가까운 사람이나 믿었던 사람에게 상처받는 선이라 하여 배신선이다.

오지랖선을 가진 사람은 위로 가는 감정선을 지닌 사람에게서 흔히 볼 수 있는 것인데, 상냥하고 부드러우며 사람을 좋아하고 거절하기 어려워한다거나 헌신적이고 배려심이 있다. 열정 또한 강하기에 사람들과의 교감 관계에서 강한 자신의 표현과 주도성을 띠기도 하는데, 이러한 정보를 종합적으로 본다면 오지랖이 된다.

오지랖선을 가진 사람은 참견하기 좋아한다거나, 쓸데없이 나선다거나, 어렵거나 불쌍해 보이면 못 참는 동정심이 가득한 사람일 수도 있겠다.

오지랖선을 가진 사람은 솔선수범의 정신을 가진 사람이 많고, 유혹에 잘 빠지든가 하는 사람이 많지만 보통 좋지 않은 결과를 낳는다.

오지랖선을 가진 사람은 평상시 말과 행동을 할 때 나서지 않는 것이 신상에 이롭고 '내가 아니어도 시간이 지나면 해결되는 문제들이 대다수다.'라고 생각하며 거절하는 현명함을 지닐 필요가 있다.

- 필자의 감정선 변화

필자는 수상 공부를 하면서 자신을 돌아보며 나 자신에 대한 성격을 알아차릴 수 있었다.

그림 184

2007년

그림 185

2023년

는 2007년에 찍은 사진이다. 위로 올라가는 감정선의 발달이 중지와 검지 사이의 기준선까지만 발달하여 있고, 의 사진은 2023년의 사진으로 감정선이 늘어나 검지의 기저선까지 발달한 모습이다.

과거를 거슬러 2007년의 말과 행동을 회상해보면 활발한 성격이지만 주관적인 견해가 강하고 나의 주장을 잘 표출했던 것 같다.

또 감정의 지배를 많이 받았으며 신경질적이기도 하고 나의 감정만 앞세우는 이기적인 모습도 많이 보였다. 2007년의 시절에는 남 밑에서 일하는 단순 인부였으며 책임감 없이 회사를 빼먹는 경우도 많았지만, 2023년의 모습은 사람을 가르치고 교육하며 한 회사의 대표까지 역임하는 리더로 성장해 있었다.

이렇게 필자의 손을 10여 년간 찍어오면서 깨닫게 된 것이 손금에서 쉽게 변하는 것은 세로 삼대선 중 태양선과 사업선이며 변하기 힘든 것이 가로 삼대선인데, 그중에서도 가장 변하기 힘든 것이 감정선이 아닐까 싶다. 감정선이 변한다는 것은 자신의 성격이 변한다는 것과 같은 것인데, 사람은 고쳐 쓸 수가 없고 사람이 변하면 죽는다는 말까지 있지 않은가? 그만큼 본질의 성격을 바꾸기가 어렵다는 말이다. 그런데 감정선의 변화를 보면서 깨달은 점은 오히려 감정선이 짧았을 때가 감정의 큰 충격 없이 편했던 것 같고, 길게 발달되면서 타인의 눈치를 더 많이 보고 환경에 민감하게 반응하는 등의 마음속 고통이 심해짐을 깨달았다. 만약 예전의 감정적 성격으로 다시 돌아갈 수 있다면 되돌아가고 싶다는 생각도 자주 하게 된다.

하지만 진짜로 그 당시의 짧은 감정선으로 돌아간다면 거절하겠다. 그 이유는 필자의 본질로서 리더이고 싶고, 좀 더 나은 환경에서 살고 싶은 갈망을 넘어 욕망을 버리지 못한다는 걸 깨달았기에, 버리지 못한다면 타인에게 비추어지는 모습이 못난 사람, 이기적인 사람, 배려심 없는 사람 등 리더로서 자질이 부족한 사람이 되기보다 배려심, 이해심, 이타심 등에 이로운 사람이 되고 싶어서이다.

....

수상을 배운다는 것은 자신을 알아가는 첫 단추이며, 자기계발의 시작이다.

8. 세로 삼대선

세로 삼대선은 갈망에서 나오는 선들로서, 잘 살고 싶다거나 부자가 되고 싶다 또는 성공하고 싶다 등의 사고에서 나타나는 선이다.

갈망이 현실화하기 위해서는 3대 요소인 '의지', '실행', '끈기'가 뒷받침되어야 하기에, 장선을 전혀 모르는 독자라도 알기 쉽게 세로 삼대선의 명칭을 나름대로 붙여 보았다. 실행력은 운명선으로 책임감, 성실성, 진취성 등 삶의 직면을 나타내기에 '현실선'이라 하였고, 인내선은 태양선으로 의지력, 절제력, 인내심 등으로 강해지고 약해지기에 '인내선'이라 하였으며, 끈기는 사업선으로 발전, 끈기, 노력 등 진보된 삶으로 가기 위한 근성을 보기에 '노력선'이라 명명해 보았다. 세로 삼대선의 발달은 남자보다 여자가 발달이 잘되고 물질적 손보다 정신적 손을 가진 사람이 잘 발달하며, 세로 삼대선이 없으면 단순명쾌하고 강하게 발달할수록 복잡성을 띤다.

삶의 갈망이 아무리 크다고 한들 가로 삼대선인 생명선, 두뇌선, 감정선이 온전하지 않다면 열정, 활력, 패기, 분별력, 대인관계 등의 사회활동에 있어 모든 에너지를 반감시키기에 망상에만 그치는 수가 있다.

세로 삼대선을 읽을 때 아무리 잘 발달한 선이라 하더라도 상대가 힘들고 어렵고 불행하다는 등의 표현과 말을 하고 있다면 자존감과 판단력이 떨어진 실패의 연속을 맛보고 있는 사람이거나, 본인의 강한 성향이 사회와의 마찰을 일으키고 있을 가능성이 크다. 강하지 않은 세로 삼대선인데 불행하다 하는 경우는 민감, 예민, 까탈, 소심, 잡생각 등의 성격을 지녔을 가망성이 크다.

반대로 흐리고 분명치 않은 세로 삼대선임에도 불구하고 삶이 편안하고 나쁘지 않다고 한다면 환경에 순응적이며 적응력이 빠른 사람이다. 간혹 세로 삼대선이 없는 사람이 있는데 이 경우는 명랑하고 명쾌한 삶을 살거나 단조롭고 단순한 사고를 지닌 사람이다.

현실선(운명선)

> 과거, 현재, 미래, 책임감, 성실성, 진취성, 학문

- 현실선 유년법

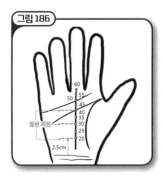

현실선의 유년법은 동서양 할 것 없이 매우 다양하지만 **그림186** 은 필자가 나름대로 보는 유년법이다. 현실선 유년법의 척도는 두뇌선과 현실선이 만나는 지점인데, 35세부터 46세까지 매우 다양한 견해가 있다. 하지만 필자의 결과는 40세가 가장 근접한 나이라는 결론을 내렸다.

두뇌선과 현실선이 만나는 지점을 40살로 측정하며, 손목 첫 번째 선에서 위로 2.5cm를 표시한 지점이 20살이 된다. 그다음 20살 표시지점과 40살 표시 지점의 중간이 30살이며, 위아래 중간지점이 각각 25살, 35살이 된다. 감정선과 현실선이 만나는 지점이 50살이며, 손가락과 손바닥이 만나는 지점의 기저선을 60살로 하고, 50살과 60살의 중간이 55살로 보통 정년퇴직의 나이인 노년기로 접어들 때로 운명선의 힘이 약해지는 사람들이 많다.

....

사실 현실선뿐만 아니라 다른 유년법도 마찬가지로 '이렇게 보는 방법이구나.' 하는 정도로 가볍게 인지하는 게 좋지 않을까 생각해 보게 된다. 왜냐하면, 많은 정보가 다르기도 하고 유년법을 재었을 때 그 당시의 나이 전후로 보통 5년을 잡게 되는데 그 5년이 너무나 큰 폭으로 작용하게 된다. 유년법의 전후로 5년씩만 잡으면 합이 10년인데, 인생에 10년이면 강산이 변하고 얼마나 많은 풍파가 스쳐 지나갔겠는가? 그쯤의 나이에 이랬을 것이라 전하면 거의 모두가 그렇다 또는 2~3년 전후 그런 정도에 일이 있었다고 말하게 된다. 하여 필자는 유년법을 보긴 하지만 수상에 큰 비중을 차지하진 않는다.

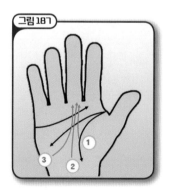

그림187

1. 자수성가 현실선
어릴적 환경, 목표의식, 자기노력, 유년기 / 청년기 힘겨움

2. 중지로 직선을 그리는 현실선
진취성, 책임감, 안정감, 환경의 변동을 극도로 싫어함

3. 손바닥 밖 아래쪽 현실선
재능, 인기, 사교, 하고 싶은 것만 하는 집착형

현실선의 기본적인 의미는 과거, 현재, 미래를 예측하고, 책임감이나 근면성

또는 나태한 사람인지, 안전을 추구하는 사람인지 살필 수 있는 곳이지만 그것은 현실선의 시작점에 따라 큰 차이를 보인다. **그림187** 과 같이 현실선은 기본적으로 세 군데의 방향에서 발달하며, 발달하는 시작점이 어딘가에 따라 삶의 질이나 살아온 환경 또는 이념이 다르게 나타난다. 현실선이 강한 사람들은 자신의 마음을 이끌어가는 리더로서 안전함을 찾기 위해 부단한 노력을 하며 환경변화에 심한 스트레스를 받는 사람이 많은가 하면, 현실선이 흐지부지하니 온전하지 못하다면 환경에 맞게 살아가는 추종자이거나 삶의 변화와 변동이 잦고 나태함을 나타내기도 한다.

① 자수성가 현실선

어릴적 환경, 목표의식, 자기 노력, 유년기 / 청년기 힘겨움

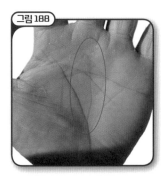

그림188, 189 의 자수성가 현실선은 생명선에 붙어서 발달하는 선으로 어려서 부모와의 이별 또는 가난한 환경, 부모로부터 억압된 삶 등 억제와 제약이 많은 삶을 말한다. 어려서부터 이러한 환경이 누구도 도와주는 사람이 없고 혼자서 인생을 개척해야 한다고 해서 '자수성가 운명선'이라 붙은 명칭이 아닐까

한다. 또한 **그림189**는 필자의 손이기도 하여 이를 깨닫는 데 더욱 큰 힘이 되었다.

자수성가 현실선을 가진 사람은 독단적이고 주도적이다 보니 자기실현 욕구가 강하게 나타나 주위 사람들에게는 성급해 보이기도 하고 우악스러워 보이기도 한다. 따라서 주위 동료들이나 환경에 급제동 많이 발동해 어려움을 겪게 되는 경우가 많다. 자수성가 현실선은 무언가를 막무가내로 진행하기보다 느리고 천천히 계획을 수립하는 것이 필요하다.

② 중지로 직선을 그리는 현실선

진취성, 책임감, 안정감, 환경의 변동을 극도로 싫어함

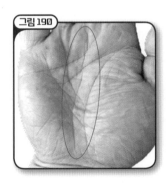 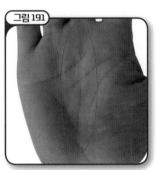

그림190, 191처럼 손바닥의 중간에서부터 중지를 향하여 곧바로 올라가는 현실선을 가진 사람들은 성실함과 책임감이 뛰어나다. 만약 방형의 검지까지 지녔다면 책임감이 매우 뛰어나고 이론과 논리에 강한 사람이지만, 환경변화에 둔하고 자기만의 신념이 완고하여 고리타분하고 고지식함이 있어 융통성이 떨

어지는 갑갑하고 답답한 사람이 될 수 있다.

그림190, 191 은 자기 우월감, 자존심, 의지력, 끈기가 강해 끝까지 하려는 고집과 억척스러움이 있어 좋든 싫든 뚝심으로 잘 버틴다. 타인의 말에 귀 기울이지 않고 직장이나 인간관계에서 변화와 변동을 좋아하지 않아 여러 사람을 사귀는 것보다 한정된 친구나 동료만을 만나기도 한다.

만일 여자가 이러한 현실선으로 발달해 있다면 가정생활에 불화나 어려움을 겪는 경우와 가정을 돌보고 일구어 나가는 경우가 많다. 하지만 남자라면 사회적으로 성공을 기대해볼 만한 가치는 충분하지만, 안타깝게도 강하게 잘 발달된 현실선은 남자보다 여자에게 더 많다는 사실이다.

....

중지로 직선을 그리는 현실선은 강인한 정신력을 타고난 사람이라 할 수도 있겠다.

③ 손바닥 밖 아래쪽 현실선

재능, 인기, 사교, 하고 싶은 것만 하는 집착형

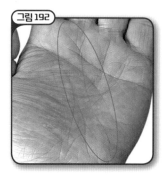
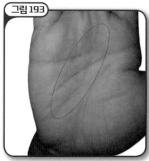

그림192   그림193

그림192, 193 은 손바닥 밖 아래쪽의 현실선은 월구에서 발달한 선으로 월구형 현실선이라 하며, 정신적 세계관을 나타내는 곳으로 상상력, 창의성, 사교, 재능 등을 암시하고 있다. 월구형 현실선을 가진 사람은 예술적 재능이나 창의성 등 특정한 재능을 가진 사람도 많지만 그렇지 않은 사람도 많은데, 자수성가 현실선의 발달이 억제된 삶의 표시라면, 월구형 현실선을 지닌 사람은 개방적이고 자유분방한 성격을 나타낸다. 월구형 현실선의 성향은 하고 싶은 것 한 가지만을 집착하는 외골수적인 성향을 많이 띠기에 중년을 넘어서까지 배를 곯는 사람들이 많은데, 보통 예체능에 관련된 경우가 많다.

월구형 현실선은 기타 선들의 발달 정도에 따라 직업의 편차가 크게 나타나는데, 자영업, 프리랜서, 서비스, 강사, 대표, 예술, 운동선수 등으로 다양하게 나타나지만 공통된 특징은 사람들의 감정을 사는 직업에 특출남을 보인다는 것이다. 보편적으로 노래를 잘하거나 유머 감각 또는 타인의 감정을 읽어 내는 것에 우월함을 지니고 있다.

- 현실선의 변화

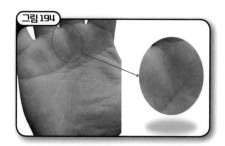

그림194 는 2007년의 사진이다. 현실선의 발달이 약한 것을 볼 수 있다. 당시 한 가정의 가장으로서 성공하고 잘 살고 싶은 욕망은 가득하였지만, 순탄하지 않은 억제된 삶을 살았고 책임감이 떨어지고 주체성과 자기주장이 약한 사람이었다.

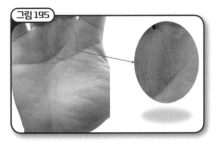

그림195 는 2020년의 것으로 이전에 현실선의 모습은 큰 변화가 없었지만, 2020년을 기점으로 현실선에 매우 큰 변화들이 생겨나기 시작했다. 2020년 당시 요식업의 꿈을 펼치기 위해 2019년부터 자영업을 시작하였으며, 금전적인 문제로 저녁에는 장사를, 낮에는 인력사무실로 현장 일을 나갈 때였다. 나의 창의적인 아이디어로 성공하겠다는 꿈이 크게 발현할 때인데, 현실선의 방향을 보게 되면 손가락으로 향하는 방향이 약지 쪽으로 향해 있는 것을 볼 수 있다. 현실선이 약지로 향할 때는 창의성, 아이디어, 예술, 매력, 근사함, 즐거움, 사교, 열정, 감수성 등 태양구의 성향을 보이게 되며, 향락, 허위 허식, 도박과 같은 허상을 좇는 사람이 될 수 있다.

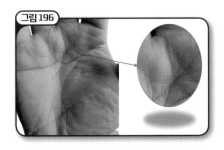

그림196 은 2023년에 찍은 사진으로 2022년 코로나로 인해 하던 자영업을 접고 유튜버로 활동하며 강사와 상담 그리고 현장 일을 병행하며 이 책을 썼다. 현실선이 중지를 향해 강하게 발달한 것을 볼 수 있는데 삶의 양식과 사고방식이 완전히 달라진 모습이라 할 수 있다.

중지로 발달하는 현실선은 안정성, 책임감, 현실적, 근성, 학문, 자아 등 토성의 성질을 가지며, 염세적, 고독, 불운, 비 사교성과 같은 좋지 않은 모습도 가지고 있다.

현실선의 변화에서 한 사람의 사고가 읽어진다는 것이 신기하지 않은가? 선이 강해지고 약해지는 것은 시시때때로 변할 수 있지만, 선의 방향이 바뀌는 경우는 지극히 어렵다. 왜냐하면 인생관, 목표의식, 삶의 방향성 등 가치관을 바꾸어야 하기 때문이다. 손금이 시시때때로 변한다는 것은 마음의 혼란, 환경의 변화, 생각과 사고 등 심경의 요동을 의미하지만, 의지와 끈기를 가지고 하고자 하는 바를 꿋꿋하게 밀고 나간다면 분명 현실선이 변하고 나의 앞날도 변할거라 분명히 전하고 싶다.

인내선(태양선)

예체능, 창의, 사교, 감수성, 예민, 자제력, 의지, 인내, 불행, 행복

인내선은 태양선, 재물선, 예술선, 성공선 등 많은 명칭을 가지고 있지만 세로 삼대선이란 자체가 갈망에서 나오는 선들로서 인내선이 아무리 좋다고 하더라도 재물이나 성공 또는 예술과는 거리가 먼 강한 집착에서 나타나는 선일 가능성이 크다. 인내선이 강하면 돈, 명예, 성공과 같은 말보다는 사람과의 교감 능력, 감수성, 자제력, 인내심이 강한 사람이란 말이 더 잘 어울린다. 인내선이 강하게 발달한 사람은 환경에 민감하고 예민하지만, 발달을 안 한 사람은 환경에 둔감하고 사고가 단순하거나, 타인과의 공감 능력이 떨어지거나, 명쾌하고 명랑한 경우다.

인내선은 손금 중 가장 쉽게 변하고 현재의 마음가짐, 즐거움, 행복, 불안, 우울 등 감정 기복의 컨디션에 따라 짧게는 주 단위로도 변하게 된다. 감정 기복이 심하면 심할수록 인내선의 발달과 태양구 주변의 선들이 지저분해지는데,

지저분하게 만드는 여러 선 중에 인내선을 방해하는 향락선, 열정선이라는 게 있다. 이는 절제력과 자제력을 잃어버리고 감정대로 행동하는 것을 뜻한다.

'3부 3. 손의 언덕'에서 '태양구'와 ' - 열정선'을 참고하길 바란다.

태양선은 절제력, 침착성, 의지력과 같이 자신을 통제하고 자제하는 성향을 띠기에 인내선이라 하였다.

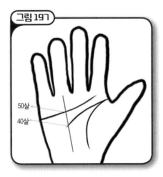

그림197과 같이 인내선의 유년법을 보는 방법은 간단하다. 두뇌선을 지나기 전까지는 초년으로 통합하고 두뇌선을 만나는 지점이 40살, 감정선을 지나는 나이를 50살로 보고, 감정선 이후로는 노년으로 통합한다.

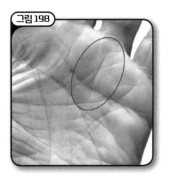

그림198 과 같이 인내선이 1개로 굵고 강하게 발달해 있는 경우는 의지력과 절제력이 뛰어나고 강단이 있어, 아이디어나 독창성을 현실로 옮길 만한 가치 있는 사람이다. 정신적이기보다 육체적 재능을 가진 경우가 많고 기민한 사람이 많아 현실에서는 실속형이라 할 수 있고, 물질적 욕심이 강하고 감정보다는 이성에 가깝기에 사업을 하는 사람에게서 흔히 보인다.

그림199와 같이 얇은 인내선을 가진 사람은 세로선뿐만 아니라 장애선 등 많은 잔 선으로 되어 있는 경우가 많은데 환경에 예민하고 민감하게 반응하며

까탈스럽고 절제력이 떨어진다. 얇은 인내선은 여자에게서 많이 발달하는데 상냥하고 다정다감하고 환경에 융화가 잘 되며 미적 동경심이 강해 화려하고 아름다운 것을 좋아하고 모방과 흉내를 잘 낸다. 대체로 신진대사가 약하고 신체가 나약한 사람이 많다.

남자는 그림 198처럼 굵은 선이 좋고, 여자는 그림 199의 선이 좋은 모습이라 할 수 있는데, 그 이유는 인내선이 굵으면 강하게 발달한 현실선과 마찬가지로 상냥함보다는 의지력, 근성이 강하게 나타나 이성 관계에 어려움이 많다. 굵고 강하게 인내선이 발달한 여자는 이성을 만나더라도 연하의 남자와 잘 어울린다.

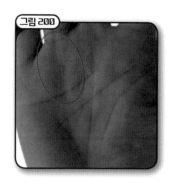

그림 200과 같이 두 줄 이상 강하게 발달한 인내선을 가진 사람은 사교, 공감, 소통, 예능과 같은 능력이 뛰어난 경우가 많아 서비스, 비즈니스, 강사, 교사, 판매, 프리랜서와 같이 사람들과 많이 접촉하는 직업에서 쉽게 볼 수 있다.

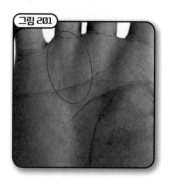

그림 201 처럼 인내선이 분명하지 않게 여러 개의 잔 선들로 나타나 있다면 의지도 인내력도 없는 나약한 본질을 가지고 있어 무엇을 하더라도 금세 싫증을 내고 오래 하지 못한다. 자기계발에 있어 보

통 사람들보다 몇 배로 힘들다는 것을 자신이 느낄 정도로 의지박약이다.

하지만 자신을 이겨내는 노력을 계속해 나간다면 머지않아 모두에게 이로운 재주꾼이 되어 있을 것이다.

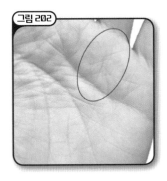

그림 202 의 경우도 **그림 201** 과 마찬가지지만, 지극히 이성보다 감정이 앞서는 사람으로 자기 절제의 어려움을 나타낸다. 지극히 인간의 동물적 본능인 먹고 싶다, 가지고 싶다, 사고 싶다 등의 욕구를 억제하기 힘들어 주머니 사정이 좋지 못한가 하면, 감정적 사고가 강하기에 욱하는 경우가 많아 화를 잘 내는 사람이기도 하므로 감정 절제와 참는 연습이 습관화되어야 한다. 명랑하고 쾌활해 보이거나 오지랖이 넓고 인간관계가 헤픈 사람도 많다.

그림 203 과 같이 인내선이 없는 사람이 있는데, 보통 다른 세로선들도 없는 수가 많다. 이 경우는 극단적으로 나뉘는데 매우 단순하거나 명쾌한 사람으로 복잡함을 좋아하지 않으며, 사람들과의 공감 능력, 소통 능력보다는 주관적인 견해를 솔직하게 말하는 타입이다. 말이 없고 조용하며 음한 기운을 띠는 경우와 양의 기운으로 천진난만하고 잘 어울리는 두 종류가 있다. 인내선이 없는 경우는 싫고 좋고가 분명하다.

- 인내선의 변화

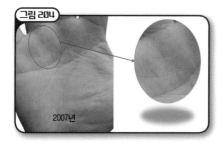

그림 204 는 2007년으로, 인내선이 약한 모습을 하고 있는데, 현실선에서 설명한 바와 같이 삶에의 의지력이나 무엇을 하고자 하는 근성이 없는 상태였으며 삶이 무료하고 불행하다는 한탄의 세월을 보낼 때였다.

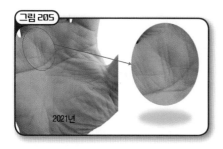

그림 205 의 2021년은 장사하면서 하고 싶었던 상담사, 강사 등의 선도자가 되어야겠다는 꿈을 안고 충남 아산에서 서울까지 필자에게 부족한 점을 채우기 위해 여러 가지 교육받으러 다니던 때, 어느 날 손을 보고 나 자신이 깜짝 놀랄 정도로 인내선이 변해 있었다. 그 당시 나의 꿈을 향해 도전하고 있다는 것에 즐거움과 행복감으로 부풀어 있기도 했지만, 마음 한구석에는 불안과 초조가 공존하고 있었다. 그래도 변함없이 도전을 절대 꺾지 않겠다는 불굴의 의지만이 살길이라 생각했다.

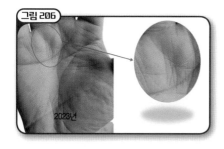

그림 206 은 인내선이 다시 약해지는 모습을 하고 있다. 당시 코로나로 인해 하던 장사도 폐업하고 강사와 상담사의 도전을 멈추었으며, 나

자신 하나도 극복하지 못하는데 누구를 가르치고 이끌며 상담하겠느냐는 생각에 모든 것을 접어둔 채 한 회사의 직원으로 근무 중이다.

노력선(사업선)

상업, 사업, 실업, 발전, 끈기, 건강, 노력

노력선 또한 사업선, 건강선, 수성선 등 여러 가지 명칭이 있지만, 필자가 보기엔 노력선이란 말이 더욱 잘 어울리는 게 아닐까 생각하여 붙인 말이다. 노력선이 강하게 발달된 사람은 목표의식이 뚜렷하고 자기 발전을 위해 부단한 노력을 하는 사람이다. 거침없고 쉼 없이 앞날의 무궁한 발전을 위해 분투한다. 하지만 이 선은 세로 삼대선 중 가장 부실한 경우가 대부분이다.

노력선이 강한 사람은 가정보다는 일에 치중하고 사업도 대범하게 수행해 간다. 활동성, 성취욕, 건실함, 끈기가 좋고 자기만의 신념이 강한 사람이며, 매사에 협조적이고 주도적이며 리드하는 타입이라 할 수 있다.

반대로 노력선이 흐리고 약한 사람은 싫증을 빨리 느끼고 똑 부러지는 맛이 없으며 소화기계통이 좋지 않다. 반듯하고 깔끔한 노력선의 발달은 기타 선들과 삼박자가 맞아야 하는데 본질적인 성격을 나타내는 가로 삼대선, 환경이나 사물을 간파하는 예리한 두뇌선과 태양선, 건강과 끈기, 지구력 등 근성을 나타내는 현실선과 노력선으로 조건이 갖춰진 선들로 뒷받침되어 준다면 멋진 노력선이라 할 수 있다.

그림207 처럼 노력선이 강할 경우 노력가의 표상이라 할 정도로 상업, 사

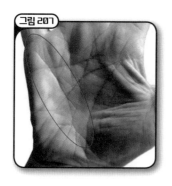

그림 207

업 등에서 재능이 뛰어나 무엇을 하더라도 성공의 결실을 보기 위해 노력하는 타입이라 할 수 있다. 소화 기능도 뛰어나 대식가가 많고 늘 활력이 넘치는 사람으로 지치질 않는다.

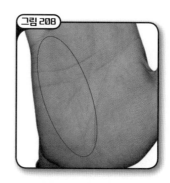

그림 208

그림 208 처럼 노력선이 덧칠되듯이 끊어지고 수성구에 다다를 때까지 선이 강하게 나타나지 않는 경우 노년이 위태롭다 할 수 있는데 무엇을 하더라도 끈기가 약해 쉽게 포기하며 또 다른 새로운 것에 흥미를 갖게 되는 반복의 연속이 될 수가 있다. 그리고 삶에의 안전성이 떨어져 직장이나 환경에의 변화와 변동이 크다. 이는 또 불안정한 일생이 될 수도 있으며, 그림 208 과 같이 노력선이 발달될 바에는 아예 없는 편이 나을 것이다. 노력선이 없는 사람들은 환경에 큰 스트레스나 억압받지 않는 건강한 정신과 육체로 단조롭게 사는 사람이다. 하지만 노력선이 없는 경우는 거의 없다.

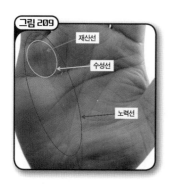

그림 209

재산선
수성선
노력선

그림 209 의 빨간색 전체를 노력선이라 하는데 감정선을 기점으로 아래는 50살 이전을 말하고, 감정선 위로는 50살 이후를 말한다.

감정선 아래가 어수선하다면 자기 발전을 위한 노력이 없고 나약한 정신을 가진 경우가 많으며 무엇을 하더라도 싫증, 좌절, 포기가 빠른 사람일 가능성이 크다. 흐지부지한 노력선의 모습이 노란색의 나이 50살이 넘을 때까지 선명하게 나타나지 않는다면 심히 자기 자신을 돌아보아야 한다.

노란색 부분을 수성선이라 하는데 이곳에 강한 선이 하나 또는 두 개가 2cm 이상의 길이로 발달해 있다면 상업·사업적 재능과 물질적 흐름의 이해도가 빠른 사람이며, 이곳에 세 개 이상의 선이 나타나 있는 경우 장사, 비즈니스, 프리랜서, 상담사, 교사 등 사람 상대하는 직업과 잘 어울리며, 선천적으로 봉사정신이 뛰어난 사람이 많다. 사람의 인체나 사물을 깊이 있게 관찰하고 탐구하는 것을 좋아하여 연구원, 의사, 사회봉사자 등의 직업을 갖는 경우도 많다.

50살 넘어 소지와 약지 사이에 녹색으로 표시된 선이 쭉 뻗어 발달하는 선을 재산선이라 하는데, 재산선이 강하게 발달한 사람은 노후에 안정적인 삶을 살 가능성이 크다. 만약 노년으로 접어든 사람의 노력선이 재산으로 연결되어 발달해 있다면 보통 사람 이상의 재산을 가진 사람이라는 명백한 증거가 될 것이다.

노력선은 건강선이라 할 만큼 건강과 직결되는데, 선이 강하게 발달한 사람은 과로나 스트레스 등으로 인한 신경쇠약, 자율신경계 이상 등 중병의 위험이 있다.
반대로 흐리거나 덧칠되어 있다면 소화기능 장애, 체질 허약 등이 있고 두통을 안고 사는 사람이 많다.

노력선은 월구에서 발달해 소지 쪽으로 발달해 있는 게 가장 이상적으로 소화기관, 생식 기능 우수, 회복 능력 등 건강한 육체와 활동성이 뛰어난 사람이다. 하지만 보통은 손바닥의 중간 쪽에서 발달하거나 생명선과 붙어서 발달한다. 보편적으로 손바닥 중간에서 발달하면 월구에서의 발달과 비슷한 성격을 보이지만, 생명선에 붙어서 발달하거나 생명선 안쪽에서 발달하는 경우 건강에 부정적인 신호이다. 생명선과 맞닿아 있으면, 호흡기, 생식기, 가슴 부위, 소화기 등 신진대사에 문제가 있음을 알린다.

- 넓고 얕은 선은 소화불량, 역류성 식도염, 두통이 있다.
- 잔 선들로 이루어진 선은 만성 소화불량, 스트레스, 염증, 신경계통이 있다.
- 두뇌선에 지저분하게 걸쳐진 노력선과 월구 아래쪽에 지저분한 선들이 있다면 생식기, 비뇨기의 이상 또는 여자의 경우 자궁 약함, 불임, 낙태 등이 있을 수 있다.
- 노력선이 구불거리면 회복 작용의 문제로 간, 신장, 대장의 해독 불량, 담즙 과다분비, 소화불량, 눈 피로 등 몸의 컨디션이 하루에도 여러 번 변하거나 나쁜 습관을 지닌 경우가 많다.

....

노력선의 발달이 강할수록 복잡성을 띠는 성격이며, 발달이 미약하거나 없는 사람은 단순하게 사고를 한다.

- 노력선의 변화

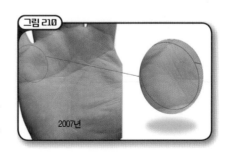

그림 210

2007년

그림 210 은 노력이 아닌 말 그대로 단순히 열심히 살 때였지만, 무언가에 도전하고 배우며 자신의 삶을 개척하고 싶지만 꿈을 좇기에는 나약

한 정신력과 모험심이 약해 무엇 하나 도전하지 못하던 때이다.

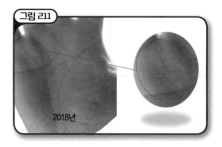

2018년 **그림 211** 과 같이 변할 때쯤 수많은 일을 해가며 필자의 적성이 뭐에 맞는지를 찾기 위해 부단한 노력을 하던 중 2018년부터 심리상담 자격증을 따기 위해 공부하기 시작하여 한 사람을 이끌어 줄 수 있는 수많은 자격증을 따기 시작했다.

2019년 심리상담 자격증을 시작으로 스피치, MBTI, 퍼스널컬러, 휴먼컬러, CS 관련 자격증 등 사람을 케어하고 용기를 줄 수 있는 것과 관련된 자격증을 취득하였다. 배우고 공부하면서 부족했던 금전 문제해결을 위해 낮에는 인력사무실을 다니고, 저녁에는 장사를 병행했다.

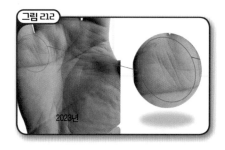

이렇게 살다 보니 2023년의 **그림 212** 처럼 수성선이 네 가닥으로 강하게 생겨났다. 수성선이 세 가닥 이상일 경우 교사, 강사, 의사, 복지사 등 누군가를 케어하고 가르치는 선생의 기질이 강하게 나타났다. 필자의 성격과 성향 또한 그러하고 이러한 직업과 일을 할 때 매우 보람을 느끼는데 이는 곧 수성선의 가닥 수에 따라 어떠한 직업과 일이 어울리는지 증명이 된 것이다.

다산 정약용에게서 늙음을 배운다

"나이가 들면서 눈이 침침한 것은 작은 것을 보지 말고 필요한 것만 보라는 것이고, 귀가 잘 들리지 않는 것은 필요 없는 작은 말은 듣지 말고 큰 말만 들으라는 것이다. 이가 시린 이유는 연한 음식만 먹고 소화불량이 없게 하려 함이고, 걸음걸이가 부자연스러운 것은 매사에 조심하고 멀리 가지 말라는 것이고, 머리가 하얗게 되는 것은 멀리 있어도 나이 든 사람임을 알아보게 함이다. 정신이 깜빡거리는 것은 살아온 세월을 다 기억하지 말라는 것이니, 지나온 세월을 다 기억하면 아마도 머리가 '핑'할 테니 좋은 기억, 아름다운 추억만 간직하고 바람처럼 다가오는 시간을 선물처럼 받아들여 가끔 힘들면 한숨 쉬고 하늘 한 번 볼 것이라.

멈추면 보이는 것이 참 많소이다."

— 다산 정약용

사람이 늙어간다는 것은 생물학적 현상으로, 시간이 흐름에 따라 노화가 되는 것은 당연한 일이다. 꽃은 피면 지고 짐승은 태어나면 죽는 것이며 사람 또한 동물이기에 태어나면 죽는 것이 만물의 이치이다. 하물며 인간이 인위적으로 만들어 낸 물건도 때가 되면 녹 쓸고 금이 가며 부서진다. 하지만 인간은 노화가 일어나면서 심리적으로나 사회적 환경의 다양한 변화를 마주하게 될 때 인지능력 저하, 기억력 감퇴, 불안과 우울 등의 정신적인 문제가 나타난다. 이유는 모든 기능 저하, 면역력 약화, 볼품없어지는 외모, 사회적 지위나 역할의 문제 등이 대표적일 것이다. 하지만 이 당연한 것을 나약해지고 볼품없이 늙어가는 게 싫어 모습을 가꾸기 위해 건강 보조식품과 몸 관리로 다이어트나 운동 등 다양한 방법으로 자기관리를 한다. 여기까지는 지극히 올바른 육신을 가진 사람으로 아름답게 늙기 위한 자신을 가꾸는 일이라 생각한다.

하지만 몸을 훼손해가면서까지 인위적으로 살을 빼고 찌우며 성형수술을 하여 아름답게 보이기 위한 노력을 하는가 하면, 더 나아가 영생을 원하는 사람도 있는데, 이러한 행위들은 만물의 이치를 역 순환하는 매우 올바르지 못한 짓이다. 인위적으로 살을 뺀 사람은 선천적으로 풍만한 신체조건으로 태음인일 가능성이 크고, 인위적으로 살을 찌운 사람은 소양인일 가능성이 크다. 즉, 환경에 맞게 타고난 신체 능력이 따로 있다는 뜻이다. 인위적으로 이러한 행위를 하는 좋지 않은 예로는 모델과 보디빌더들이 있고, 성형수술의 좋지 않은 예로는 연예인에게서 흔히 찾아볼 수 있는데, 이는 자신의 본질적인 장점을 버리는 격이다. 팔자가 핀 사람도 있는데 뭐가 문제냐 하는 사람들도 있겠지만, 이는 일시적일 뿐만 아니라 젊음이 버티고 있다는 사실을 명심해야 한다.

이뿐만 아니라 턱이 각진 사람이 턱을 깎아 내어도 강인한 성격은 사라지지 않기에 보이는 모습은 모순일 뿐이며, 코를 높여도 본디 유연하고 부드러운 성격의 소유자이므로 투쟁심과 경쟁심을 발휘하기에 부족함이 있어 보이는 모순일 뿐이다. 따라서 이는 자신의 본질적인 성향을 버리려 하는 매우 좋지 않은 행위이다. 이러한 행위들이 단순히 미적인 기준으로만 작용한다면 정말 좋은 일이 아닐 수가 없다. 하지만 자기 몸을 훼손한다는 것은 미적 아름다움의 내면에 사회적인 모순을 가지는 것이다.

　팔자 주름을 펴면 죽는다는 말을 들어본 적이 있을 것이다. 팔자 주름은 그 사람의 도량 또는 법과 규범, 목표의식 등 운명을 판단하는 곳으로, 법령이 없다는 것은 뚜렷한 목표의식도 없고 삶이 불안정하며 무질서한 사람으로 비운의 운명, 패가망신의 상이라고 볼 수도 있다. 그래서 팔자 주름을 펴면 죽는다는 말로 강하게 경계심을 불러일으키는 게 아닐까 생각해 보지만, 현대에 와서는 팔자 주름뿐만 아니라 얼굴의 모든 주름을 펴고 있으니 안타까운 일이 아닐 수 없고, 이런 행위는 살아온 역경을 거슬러 가는 것과 같다.

　어려서는 천방지축에 규칙, 원칙, 목표, 운명 등 여러 가지 삶 속에 지식과 지혜가 무엇인지 모르고 살기 때문에 팔자 주름이 잘 나타나지 않지만, 나이가 들면서 노년기를 맞이하면 꼭 있어야 하는 것 중 하나가 팔자 주름이다. 나이가 들어 늙어간다는 자연적인 노화 현상이기도 하지만, 사회인으로서 덕을 살피는 곳이기도 하기에 팔자 주름에 어떠한 인위적인 행위를 해서는 안 되는 것이다. 팔자 주름이 깊고 길게 늘어진 사람은 일찍부터 사회 경험, 인간관계의 경험 등 덕과 인정이 풍부한 사람을 나타내지만, 팔자 주름이 없는 사람은 인생 경험이 적은 어린 철부지와 같은 것이다. 과연 나이 든 사람으로서 어떠한 삶의 모습이 더 바람직한지 말하지 않아도 알 것이다. 또한 나이 40이 되면 자기 얼굴에 책임을 지라는 말이 있듯이 이는 중년으로 접어드는 나이까지 어떻게 살아왔는가 하는 책임을 지는 결과물이 분명하단 것을 명심하길 바란다.

　성형이라기보단 시술로 추천하고 싶은 것은 있다. 눈썹이나 입술 등에 문신하는 건 인생을 거스르는 게 아닌 사회영역의 이미지 관리일 뿐이다. 눈, 입술뿐 아니라 몸 전체에 문신하는 행위는 단순 이미지 관리일 뿐이지 본질적 성향은 변하지 않는다.

늙음에 대해 말을 늘어놓다 보니 성형에 대한 필자의 생각이 강하게 어필되었지만, 늙음을 거부하고 수정하기보다는 마음의 여유를 가지고 노화 현상을 그대로 받아들이는 것이 좋겠다. 늙는다는 것은 인간의 성숙과 지혜를 쌓아가는 것이므로 정약용처럼 늙음을 긍정적인 미적 시각으로 바라보는 것은 어떨까? 늙음을 긍정적으로 바라보는 옛사람들의 미학과 지혜는 세계인의 후대에 매우 값진 선물이다.

9. 삼지창 손금

　너도나도 삼지창 손금이라며 좋아하는 사람들이 많다. 하지만 만약 삼지창 손금을 가진 사람을 만나본다면 생각을 달리하게 된다. 왜냐하면 삼지창 손금을 가진 사람은 매우 독보적이고 경쟁심, 투쟁심, 추진력이 남다르다는 것이다. 삼지창 손금의 풀이를 통해 '과연 내가 이런 성격을 지녔는가?' 하는 생각을 해보면서 비교해 보고, 과연 삼지창 손금이 좋은지 또는 대박이나 대길의 상인지 알아보자.

그림 213

　　그림 213 과 같이 발달한 손금을 삼지창으로 가장 많이 오해하게 되는데, 손바닥의 아래쪽부터 발달해 있는 사람은 매우 건실하고 책임감, 노력, 끈기, 성실함 등 근면 성실한 노력가의 표상이라 할 수 있다. 또한 이렇게 강한 선으로 발달되어 있는 사람은 환경에의 변화, 변동을 극도로 싫어하는 경우로 새롭고 창의적인 행위를 매우 싫어하는데, 만약 여자의 경우 이러한 손금을 지녔다면 가정생활

과 사회활동에 큰 영향을 받는다.

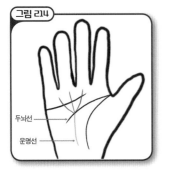

삼지창 손금은 그림 214와 같이 운명선이 손바닥 아래쪽에서 손가락 쪽으로 발달하여 두뇌선을 지나면서 각 손가락으로 나뉘며 발달하게 된다. 이렇게 발달한 손금을 가진 사람은 인구의 약 1%만이 존재하는 매우 희귀한 손금으로, 매우 독특하고 독보적인 성격을 지녔고 자존심이 상당히 강하기에 지고는 못 산다. 그리고 창의적이며 늘 새로운 것에 관심이 많은 사람으로 집착이 강하고 추진력이 좋지만, 저돌적이고 모든 일에 있어 자기화하는 성향이 강하다.

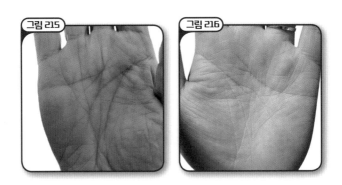

그림 215, 216 처럼 두뇌선을 지나면서 발달한 세로선(현실선, 인내선, 노력선)들이 삼지창 손금이 되는 것이다.

삼지창 손금이란?

삼지창은 그리스 신화에 나오는 '바다의 신' 포세이돈이 들고 있는 트리아이나라는 것으로, 지진과 해일을 일으키는 강력함을 나타내는데, 포세이돈의 강력한 대지의 기운을 받아 방출한다는 의미에서 '삼지창 손금'이라 이름이 붙게 되었다. 세로선의 모양도 삼지창의 모양을 연상시킨다. 삼지창 손금을 가진 사람은 매우 독보적이고 주도적인 성향을 보이며 의존성이란 찾아볼 수 없는 자기만의 인생을 개척해가고 승부욕이 대단하지만, 이것이 장점이자 단점이 된다.

10. M자 손금

삼지창 손금과 같이 M자 손금 또한 잘못 알고 있는 경우가 많다. M자 손금도 삼지창 손금과 같이 1% 미만의 사람만이 가진 대단히 희귀한 손금이라고 하지만 지금까지 경험해본 바로는 1% 이상은 족히 넘는 듯하다. 삼지창 손금이 주관적이고 독보적인 사람이었다면, M자 손금은 공감 능력, 사교, 매력, 사리분별력 등 인간관계가 매우 뛰어난 사람이라 볼 수 있다.

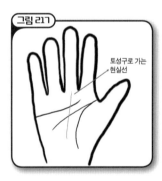

그림 217
토성구로 가는
현실선

그림 217 과 같이 현실선(운명선)이 중지를 향해 발달한 경우 M자 모양은 하고 있지만, 우리가 알고 있는 M자 손금의 정보와는 전혀 다른 성향을 지니고 있다. 중지로 향해 발달한 현실선은 책임감, 근성, 끈기 등 살고자 하는 강렬한 의지를 나타낸다.

보편적으로 중지로 발달하게 되고 중지는 '나' 자신을 가리키기에 손의 모양과 여러 선의 조합으로 성향을 읽을 수 있을 뿐이다.

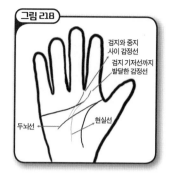

그림218

검지와 중지
사이 감정선

검지 기저선까지
발달한 감정선

두뇌선   현실선

M자 손금이란 그림218 처럼 여러 조건이 제시된다. 우선 분명한 것은 감정선부터 빨간색과 같이 길게 발달해 검지와 중지 사이나 검지의 기저선까지 발달해야 하며, 현실선이 두뇌선을 지나면서 굵고 진하게 검지손가락 방향으로 감정선과 하나가 되어 검지를 향해야 한다. 또는 두뇌선에서 발달한 현실선이 검지로 발달하면서 감정선과 하나가 되어야 한다. 이렇게 M자 손금을 지닌 사람은 앞서 말했듯 대인관계에 매우 뛰어난 독특한 매력을 지니고 있다.

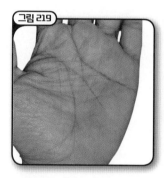

그림219

그림220

그림219, 220 처럼 감정선과 하나가 되면서 감정선이 검지까지 발달한 M자 손금이라면 리더십, 친화력, 활동성 등 대인관계와 사리분별력, 처신이 뛰어나 성공이란 그리 어려운 일이 아닐 것이다.

꼭 알아 두어야 할 것은 삼지창 손금이나 M자 손금은 성공하고 부자가 된다는 그러한 허무맹랑한 정보들은 일찌감치 잊는 것이 이롭다.

성장하는 리더

"너희는 나의 군사이자, 나의 형제자, 우리는 하나다."

– 칭기즈칸

사람은 누구나 잘 나고 뛰어난 사람이 되고 싶거나 성장하고 싶어 하는 마음이 있고 누구보다 우위를 점하려 아는 척, 잘난 척을 하지만, 현실은 그렇지 못할 뿐 아니라 우위를 점하기에는 자격 미달인 경우가 태반이다. 세상 이치란 게 누구나 잘난 사람은 될 수가 없다. 누군가는 잘나고 누군가는 못날 수밖에 없는 것이 당연지사다. 잘난 사람은 못난 사람을 이끌어야 하고, 그는 곧 리더이다. 그렇다면 조직을 넘어 그룹 또는 나라를 통치하는 리더란 과연 어떤 사람일까?

'리더란 어떤 사람이어야 하는가.'에 대한 질문을 한다면 힘, 능력, 재능, 추진력, 소통, 책임감 등 사람을 이끄는 통솔력에 관한 수많은 말들이 난무하게 된다. 이러한 능력을 겸해야만 지도자란 것을 모두가 잘 알고 있는 당연한 사실이 아니겠는가? 하지만 지도자가 되기 위해 수없이 노력을 기울이지만 정작 리더의 자격을 갖추기 위해 노력하는 사람은 없다. 왜냐하면 지도자가 되기 위해서는 자신을 돌아보고 반성에 반성을 거듭해야 하며, 타인의 접점 관계부터 시작해 자신의 이념까지 고통이 따르기 때문이다. 내 주위의 지도자를 유심히 관찰해보자. 회사에서나 무리에서 리더라 하기엔 하나같이 무능하기 짝이 없는 경우가 많다. 그렇다고 해서 자신이 리더가 된다고 하더라도 매한가지가 되기 십상이다. 이유로는 역량 부족, 책임회피, 동기 부족, 자기중심적, 의사소통 부족, 결정력 부족 등 이유가 다양하다. 이런 무능한 지도자가 어떻게 그 자리에 있는가에 대한 궁금증을 풀어 보자면, 그들에게는 모두가 똑같은 특징들이 있다.

1) 상사에게 겸손함
2) 상사에게 자신을 낮춤
3) 상사에게 존중의 표시
4) 상사에게 수용적 태도

이러한 태도는 이루 말할 여지 없이 좋은 모습이라 할 수가 있다. 하지만 사람들은 보이는 모습에 오해와 망각을 하는 게 한 가지 있다. 이러한 행동은 상사에게 그칠 뿐이고 본능에 충직하단 사실이다. 그렇다면 말을 살짝 바꿔보도록 하자.

A) 부하에게 겸손함
B) 부하에게 자신을 낮춤
C) 부하에게 존중의 표시
D) 부하에게 수용적 태도

어떠한가? 앞 자만 바꿨을 뿐이다. 과연 이러한 태도로 아랫사람을 대하는 지도자가 있는가? 만약 난 그렇다고 말한다면 리더로서 타고난 대인이거나 그렇지 않다면 위선자다. 왜냐하면 인간은 욕망의 동물로서 자기 이익과 편의를 위해서라면 가져야만 하고 누려야만 하는데, 그 욕망이 절제된다면 그는 대인일 수박에 없다.

애공이 "어떻게 하면 백성이 잘 따르겠습니까?"라고 공자에게 묻자, "정직한 사람을 기용하여 부정직한 사람을 다스리면 백성이 따를 것입니다. 반대로 부정직한 사람을 기용하여 정직한 사람을 다스리면 백성은 따르지 않을 것입니다."

– 논어

집단사회는 직급 체제가 존재하고 직급 체제를 따르게 되는 것이다. 잘났다 하는 사람이 직급을 달고 사람을 거느리게 되는데, 대인 아래 소인을 기용하면 현명한 자를 낳지만, 소인 아래 소인을 들이면 오만방자한 자를 낳는다. 또한 소인이 대인을 들이면 무능한 자를 낳게 된다. 절대적 리더의 덕목으로 사람을 좋아하는 마음, 아끼는 마음, 섬기는 마음, 베푸는 마음 등 사람을 사랑하는 '인(仁)'이 빠져선 안 되는 것이다.

공자께서 말씀하기를, "내가 군주를 섬기는 일에 예로써 최선을 다했더니 사람들은 아첨이라고 한다."

– 논어

사람들은 아첨과 예를 혼동한다. 아첨은 자신의 가치성과 자존심을 버린 듯하고, 예는 자신의 가치성과 자존심을 지킬 줄 안다. 아첨하는 자는 1~4의 지도자들의 모습과 같고 가치성과 자존심을 지키는 자는 A~D의 행동을 한다.

인과 예로 부하를 대하면 칭송받고, 법과 논리로 규칙과 제재를 통해 부하에게 대하면 언젠가 그 화살은 나에게 돌아온다. 법으로 통치했던 중국의 법가 상앙, 이사, 한비자로부터 교훈을 얻을 수 있다. 그렇지 않다면 많은 재력과 권력이 있더라도 노년은 외로움에 사무칠 것이다.

　리더는 목표 달성을 위해 공동의 목표로 팀원들에게 지침과 영감을 제공하고 그 목표를 달성할 수 있도록 이끌어야 한다. 비전을 설정하고 부하 직원들과의 의사소통을 통해 강한 조직력으로 성장할 수 있도록 만들어야 한다. 리더십은 다양한 스타일과 접근방식을 가져야 하는데, 칭기즈칸의 명언과 같이 지도자이기 전에 한 무리의 일원으로서 서로 합류가 되고 모범이 되어야 한다. 왕이 되려는 자는 왕관의 무게를 견디라는 말도 있지 않은가? 하지만 실상은 그렇지 않다. 직책이 위로 올라가면 갈수록 권위를 표하고 누리려 드는데, 자신의 편의에서만 환경을 조성하려 들고 아랫사람들에게 구속과 제재를 가한다. 예를 들자면 건설 현장에서 관리자들에겐 특별하고 비싼 안전화를 지급하고 현장 인부들에게는 싸고 질 떨어지는 안전화를 지급한다. 관리자는 허리식 벨트를 착용하고 현장 인부들에게는 그네식 벨트를 착용하게 하는데, 허리식 벨트는 안전에 아무런 소용이 없고 작용이 편리하다. 그런 벨트를 차고 안전고리도 없이 높은 곳에 다녀도 아무런 제재가 없다.

　반대로 그네식 벨트는 착용이 매우 불편하고, 일하는 내내 걸리적거리고, 작업에 방해되고, 오히려 걸려 넘어지거나 위험할 때가 더 많다. 그런데 일할 때나 현장 내에서는 안전벨트를 꼭 차게 하고 매우 강력하게 제재를 가하게 되며, 출입 정지나 퇴출까지 되는 경우가 있다. 물론 착용해야 하는 게 당연한 일이다. 리더라는 이유로 이런 차별, 억압이 과연 타당한 일인가 하는 것이다. 이는 융통성 없는 리더들의 권력 남용이 아닐 수 없다. 리더란 특별하고 칭송받기 이전에 모범을 보이고 선행되어야 하므로 똑같은 안전화 똑같은 벨트를 착용해야 하고 내가 싫고 귀찮은 건 부하 직원도 싫고 귀찮은 것이기에 적당한 규칙과 규제가 더 많은 시너지를 가져온다.

다시 한번 자신에게 물어보자, 나는 진정한 리더인가? 만일 그렇다면 정직한 사람을 기용할 의무가 있고 회사의 번영을 위해 헌신해야 할 것이며, 권력 남용이 아닌 책임감 있는 리더로서 팀원의 협력과 타협으로 역량을 성장시키고 동기부여를 할 줄 아는 소통의 달인이 되어야 한다. 리더의 자질과 성격은 일부 개인의 성향과 타고난 특성에 영향을 받는 게 사실이다. 자신이 생각하기에 리더의 자질을 지녔다면 누구보다 우위를 점할 만한 가치 있는 지식과 지혜를 쌓기 위해 노력해야 할 것이다.

....

진정 리더가 되기 위해 노력한다면 '장선'(손금)에 감정선이 변하고 '면상'(얼굴)이 변할 것이다.

지도자가 되고 싶다면 나를 돌아보면서 자신에게 계속된 질문을 해야 할 것이다. 의사소통 능력, 융통성, 이해심, 배려심, 결단력, 추진력, 협동심, 유연성 등이 어떠한지 자신에게 되묻는 자기계발에 대한 계속된 질문은 자기암시가 되어 매우 강력한 힘으로 발현될 것이다.

"나를 극복하는 그 순간, 나는 칭기즈칸이 되었다."

― 칭기즈칸

나를 극복한다는 건 불가능에 가깝다

운동선수, 가수, 화가, 작가, 검사, 탤런트, 영업사원 등은 모두 각자의 직업에 타고난 능력과 재능이 있다. 몸치에 내성적이고 공부를 좋아하는 아이에게 아무리 운동 시켜봐야 소용없는 일이 될 것이며, 운동을 좋아하고 몸으로 뛰기를 좋아하는 활동성이 강한 아이에게 공부만을 고집하게 한다는 것 또한 불가능에 가깝다. 이처럼 사람들은 제각기 선천적으로 타고난 재능이 따로 있다는 뜻이고, 그 재능을 발굴하고 찾아 발전시켜야 한다.

사람이 변하면 죽는다는 말도 있지 않은가? 선천적으로 타고난 성향을 바꿀 수 없다. 따라서 자신의 본질, 성격, 능력 등을 빠르게 찾아 자기계발에 힘써야 한다. 리더 또한 마찬가지다. 본질적으로 리더의 자질을 가지고 태어나는 것이 중요하며, 리더의 역량을 길러야 하는 것이다. 리더의 역량 강화 성장법은 전 장에서 알린 '성장하는 리더'를 보도록 하자.

사람들은 본능적으로 강해 보이고 타인보다 우위를 점하려는 성질을 가지고 있으므로 상대를 짓밟고 올라서려 한다. 높은 곳을 좋아하고 펜트하우스를 좋아하는 것 또한 그런 이유다. 그렇다 보니 권력, 권위, 물질을 탐하고 사람들을 조롱하며 거느리려 하고 지도자가 되려 한다.

그렇다고 아무나 지도자가 되지 말라는 것이 아니다. 오히려 인생 오만가지 풍파를 맞고 견디며 살아온 사람이라면 선천적 자질을 지닌 리더보다 더욱더 뛰어난 리더가 될 수 있다. 리더란 성장을 하면서 쌓아온 경험과 훈련의 영향을 가장 크게 받기 때문에 기본적 능력을 지녔더라도 환경의 경험에서 얻은 지혜보다 큰 값어치는 없다는 것이다. 따라서 모든 직업에 의지, 근성, 끈기 등의 노력으로 인한 결실은 그 무엇과도 비교할 여지가 없다.

자기가 타고난 본질적 기질을 찾아 성장시키고 발전시키기란 매우 어렵지만 만일 그 기질을 찾아 성장시킨다면 그 분야에서 1%의 능력자로 성장할 것이다. 하지만 자신을 극복한다는 것은 불가능에 가깝다. 왜냐하면 재능이 있거나 잘 하는 것은 따분해 하거나 지루하고 하기 싫어 하며, 자신이 알아차리지 못하는 본질적인 성격과 감각, 직감적으로 말하고 행동하는 근본적 기질이 있는데, 이러한 자신을 깨달아야 한다는 것이다. 그렇기 위해서는 엄청난 수행이 필요하지만, 깨달으면 느낄 것이다. 아차! 하는 순간 매번 같은 말실수와 행동을 하고 있다는 것을. 이런 자신의 모습을 알아차리는 때가 오면 자존감 또한 바닥날 수도 있다. 또한 이러한 깨달음과 실패, 좌절은 죽는 그 날까지도 변하지 않고 행해질 수 있다. 그렇기에 인생은 고통이라 할 수도 있다. 그래도 자신을 극복하지 못해 고통 속에 살기보다는, 나라는 존재를 알아차리고 장단점을 찾아 발전시키고 조심하며 주의하자는 의미에서 면상과 수상에 관심을 가져보는 것은 어떨까 생각해 본다.

면상과 수상은 나를 넘어 대인관계에 있어 장단점을 모두 보여주고 있기 때문에 이 두 가지를 배워 둔다면 MBTI를 알고 상대방을 이해하듯 나와 너 모두에게 이로운 일이다.

 자신을 알지 못하고 현실에서 방황하고 있는 독자 여러분께 나를 알아보자는 의미에 진심을 담아 이 책을 전한다.